W0305349

Brigitte
KINDERSACHEN selbstgemacht

mit 51 Farbfotos
und über 100 Zeichnungen

Entwürfe: Gundi Heine
Text: Jutta Hoffmann-Barthel

Mosaik Verlag

Einbandgestaltung und Layout:
Michael Heine
Fotos: Klaus Thumser (26),
Rudolf Maria Nüttgens (7),
Peter Pfander (6), Metta Holst (2),
Hannelore Hopp (1)
Illustrationen: Elke Otto
Schnittzeichnungen:
Helga Gafsi-Schütte

© an Bild und Text:
Zeitschrift »Brigitte«
Gruner + Jahr AG & Co., Hamburg
© 1981 an der Buchausgabe:
Mosaik Verlag GmbH,
München / 543
Gesamtherstellung Mohndruck
Graphische Betriebe GmbH,
Gütersloh
Alle Rechte vorbehalten
Printed in Germany
ISBN 3-570-03248-5

*Die Autorinnen Gundi Heine
mit ihren Kindern Tobias (8)
und Anna (5)
und Jutta Hoffmann-Barthel
mit ihren Söhnen Philipp (12)
und Vincent (6 Monate).*

Vorwort

Wer Kindersachen selber macht, hat Spaß daran und spart nebenbei noch eine Menge Geld.
Mit diesem Buch kann jede Mutter ihr Kind ohne viel Aufwand zweckmäßig, hübsch und preiswert anziehen. Die nötigen Grundschnitte, Vorschläge und Anleitungen sind hier zusammengestellt.
Das Buch enthält die schönsten und besten Entwürfe aus dem »Brigitte-Kinderladen«, ergänzt und erneuert mit vielen schicken Anziehsachen, lustigen Ideen und praktischen Tips.
Angefangen von einer Babygrundgarderobe bis zum originellen Verkleidungskostüm ist alles dabei, was Kinder vom ersten bis zum siebten Lebensjahr brauchen und gerne haben – und was Mütter, Großmütter, Tanten und Freundinnen leicht selber machen können! Einfache Schnittschemen und ausführliche Arbeitsanleitungen helfen Ihnen beim Nähen und Stricken. Viele Farbfotos und Zeichnungen zeigen Ihnen, wie die fertigen Sachen aussehen.
Viel Spaß und Erfolg beim Selbermachen wünschen Ihnen

Gundi Heine

Julia Hoffmann-Barthel

Inhalt

Schnell gestrickt

Aus Fell- und Lederresten

Verkleiden macht Spaß

Zum Spielen und Liebhaben

Schnell genäht

Fürs Baby

Hier geht es gleich los mit der kleinen Baby-Grundgarderobe. Neben der Steppjacke, Mütze und Pumphose finden Sie auf Seite 14 noch einen praktischen Schlafsack, der lange mitwächst.

Unter diesem Motto sind hier 22 einfache Modelle zusammengestellt, die Sie schnell und leicht nachnähen können. Dazu gehören eine kleine Grundgarderobe für Babys und Zweijährige sowie verschiedene Kleidungsstücke für die Drei- bis Sechsjährigen, angefangen bei simplen Röcken, Kleidchen, Blusen, Hosen, Westen, Jacken bis hin zu praktischen Regensachen.
Die Grundschnitte für alle Modelle finden Sie als Schnittschema gleich vor oder hinter der Abbildung. Die Schnitteile sind auf ein Raster gezeichnet, das im Original 5 cm große Karos hat. Mit Hilfe dieses Karo-Rasters können Sie alle Schnitte maß- und formgerecht mit allen Ecken und Rundungen herstellen. Und so wird's gemacht: Am besten fertigen Sie sich einmalig ein ca. 80 × 120 cm großes Stück Karopapier mit 5 cm großen Karos an. Zeichnen Sie die Karos mit dickem Filzstift auf Packpapier oder Pappe. Wenn Sie jetzt Seidenpapier darüberlegen, schimmern die Karos durch, und Sie können alle gewünschten Schnitteile auf dieser Unterlage anfertigen.

Wichtig: Alle Schnitte sind ohne Nahtzugaben abgebildet!
Noch mehr technische Hinweise finden Sie auf Seite 142/143.
Zum Schluß ein Tip: Falls Sie mit dem Nähen erst anfangen, lassen Sie sich von einer erfahrenen Hobbyschneiderin beraten oder arbeiten Sie mit einer Freundin zusammen. Zu zweit wurde schon so manches Problem gelöst! Oft hilft auch ein fertiges Modell (z. B. Rock, Hose oder Kleid) als Anschauungsmaterial, von dem Sie sich einiges abgucken können. Und nun viel Spaß und gutes Gelingen!

Grundgarderobe

Leicht an- und auszuziehen und hübsch anzusehen ist die dreiteilige Kombination von Seite 9. Alles ist in Größe 68 auf dem Schnitt und paßt Babys von drei bis neun Monaten. Jacke und Mütze finden Sie auf diesen beiden Seiten, mit der Pumphose geht es auf Seite 12 weiter.

♥ Wenn Ihnen die Steppjacke zum Wenden zu kompliziert ist, können Sie auch eine einfache gefütterte Jacke nach dem Schnitt nähen.

Wichtig: Alle Stoffe müssen waschbar und farbecht sein!

✂ **Arbeitsanleitung Steppjacke und Mütze in Größe 68**

Stoffverbrauch und Material: 1,10 m geblümte Waschwolle, 90 cm breit; 0,60 m dicker, weißer Molton (vorher waschen), 130 cm breit; elastischer Nähfaden und 20 cm Gummiband, 0,5 cm breit.

Zuschneiden: Vorder- und Rückenteile und die Ärmel je einmal aus Molton und einmal aus Blümchenstoff großzügig zuschneiden (ca. 3 cm Zugabe rundherum). Zwei Taschen aus Molton und zwei aus Blümchenstoff großzügig zuschneiden. Kragen- und Mützenteile werden nur mit 1 cm Nahtzugabe zugeschnitten. Außerdem brauchen Sie für die Jacke 4 Bindebänder, je 40 cm lang und 3 cm breit, 2 Blendenstreifen für die Kanten, je 90 cm lang und 3 cm breit, sowie 2 Blendenstreifen zum Verdecken der Nähte, jeweils 90 cm lang und 2 cm breit.
Für die Mütze: 1 Rüschenstreifen, 50 cm lang und 5 cm breit, 1 Blende mit angeschnittenen Bindebändern, 90 cm lang und 3 cm breit. Alle Streifen bereits inklusive Nahtzugaben!

Nähen der Steppjacke: Den Molton auf die linke Seite der Blümchenteile heften und in 2,5 cm großen, diagonal verlaufenden Quadraten absteppen. Dafür die erste Stepplinie mit einem Heftfaden oder Stecknadeln markieren und die folgenden mit abwaschbarer Schneiderkreide einzeichnen. Eventuell das Steppmuster auf Seidenpapier zeichnen und als Vorlage benutzen. Nach dem Steppen den Papierschnitt auf die geblümte Stoffseite legen und die Nahtzugaben an den Seiten- und Ärmelnähten auf 0,5 cm Breite zurückschneiden. Alle anderen Kanten – auch die Jacken- und Ärmellängen sowie die Taschen – werden ohne Nahtzugaben zugeschnitten, weil sie später mit den Blenden eingefaßt werden. Danach die geblümten Teile rechts auf rechts zusammenlegen, die Schulternähte schließen und auseinanderbügeln. Die 2 cm breiten Blendenstreifen beidseitig auf 1 cm fertige Breite umbügeln und so auf die Schulternähte steppen, daß die Nahtzugaben verdeckt sind. Die Ärmel einsetzen, die Naht auseinanderbügeln und ebenfalls mit einem aufgesteppten Blendenstreifen verdecken. Anschließend die Ärmel- und Seitennähte in einem Rutsch schließen, auseinanderbügeln und mit der Blende abdecken. Die Jacke, die Taschen und die Ärmellängen rundherum mit den 3 cm breiten Blendenstreifen 1 cm breit einfassen. Dafür den Streifen rechts auf rechts auf die Moltonseite steppen, umkippen und auf der Blümchenseite mit der Hand gegennähen. Taschen zeichengemäß aufnähen, eine auf die Moltonseite, die andere auf die geblümte Seite. Acht 1 cm breite Bindebänder arbeiten und zeichengemäß auf die beiden Seiten der Jacke steppen. Den Kragen rundherum verstürzen, eine kleine Öffnung lassen und nach rechts wenden. Mit der Hand die Öffnung schließen und den Kragen zeichengemäß an die Kante des Halsausschnitts setzen. Kragen absteppen.

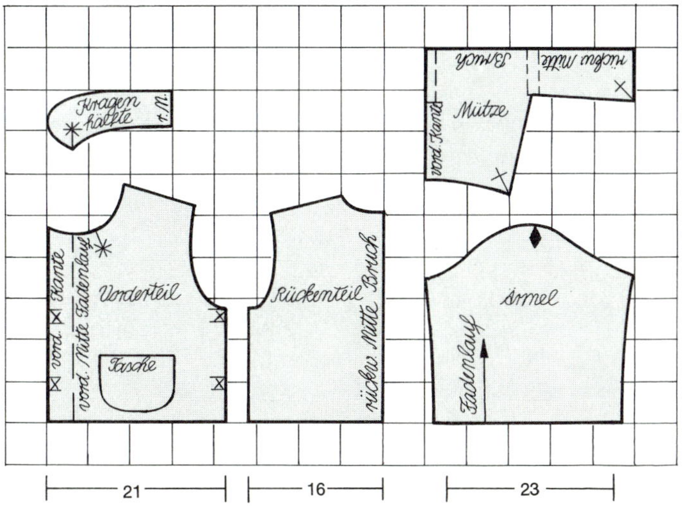

Nähen der Mütze: Das rückwärtige Mützenteil an das vordere steppen. Nahtzugaben mit Zickzack versäubern. Den Rüschenstreifen zur Hälfte in den Bruch bügeln, einkräuseln, an die vordere Mützenkante nähen und die Enden schmal auslaufen lassen. Nahtzugaben knapp zurückschneiden und mit Zickzackstichen versäubern, nach innen kippen und von rechts feststeppen. Die rückwärtige Mützenkante 1 cm breit mit der Blende einfassen, das Gummiband einziehen und die Enden gut befestigen. Die Kanten der angeschnittenen Bindebänder einschlagen und knappkantig zusammensteppen (fertige Breite 1 cm). Entlang der gestrichelten Linien (siehe Schnittschema) mit elastischem Nähfaden (wird mit der Hand auf die Spule gewickelt, siehe Seite 142/143) steppen, den elastischen Nähfaden mit der Hand etwas nachziehen und verknoten. Die vordere Mützenkante ebenfalls mit elastischem Nähfaden in der Mitte auf 8 cm einkräuseln.

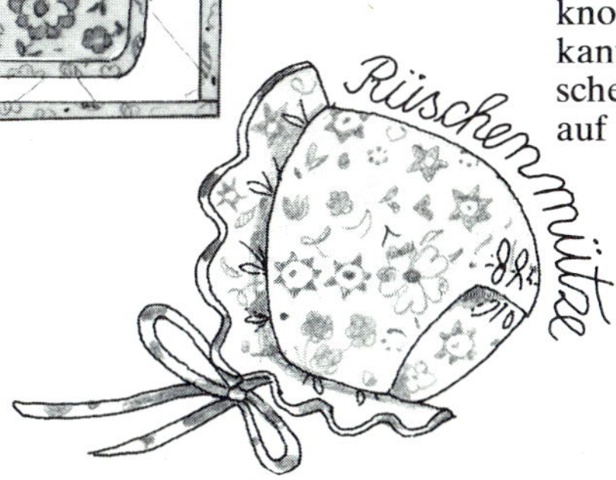

Pumphose

Schnell und leicht genäht ist die Pumphose mit dem elastisch eingekrausten Oberteil.

Die Träger werden auf der Schulter gebunden, die Hosenbeine sind mit einem eingezogenen Gummiband zusammengehalten. Der Stoff für die Pumphose darf nicht zu dick und schwer sein: Für die kühle Jahreszeit eignen sich weiche, aufgerauhte Baumwollstoffe. Für den Sommer sind dünne, leichte Stoffe schön luftig. Auf der übernächsten Seite finden Sie noch einen praktischen Schlafsack.

♥ Dieser einfache Hosenschnitt eignet sich auch prima für Puppen und Teddys (siehe Zeichnung rechts).

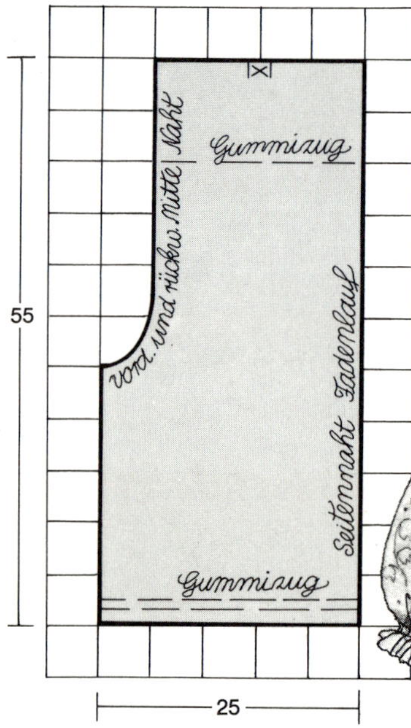

Arbeitsanleitung Pumphose in Größe 68

Stoffverbrauch und Material: 1,30 m geblümte Waschwolle, 90 cm breit; elastischer Nähfaden; 0,50 cm Gummiband, 0,5 cm breit.

Zuschneiden und nähen: Vorder- und Rückenteil sind bei dieser Hose gleich. Sie müssen den Schnitt also viermal ausschneiden. Geben Sie dabei für die Nähte 1,5 cm zu. An die oberen Kanten und an die Beinlängen werden je 4 cm breite Säume angeschnitten. Für die Bindebänder brau-

chen Sie 4 Stoffstreifen, 25 cm lang und 3 cm breit. Versäubern Sie alle Hosenteile rundherum mit Zickzackstichen. Nähen Sie je zwei Hosenteile an der mittleren Naht zusammen. Bügeln Sie die Nahtzugaben auseinander und die oberen Kanten 4 cm breit um. Kräuseln Sie die oberen Teile bis zur Markierungslinie in 0,8 cm breiten Abständen mit elastischem Nähfaden ein (siehe dazu Seite 142/143). Wenn Sie die Kräuselfäden gut befestigt haben, können Sie die Seitennähte schließen und bügeln. Dann werden die inneren Beinnähte in einem Arbeitsgang zusammengesteppt und ebenfalls gebügelt. Legen Sie die Hosenbeinsäume 4 cm breit um (bügeln) und steppen Sie, wie im Schnitt eingezeichnet, einen 1 cm breiten Tunnel ein. Lassen Sie dabei an den inneren Beinnähten ein Stück zum Einziehen des Gummibandes offen. Die 4 Bindebänder werden auf 0,8 cm Breite verstürzt und gebügelt. Dann mit der Hand zeichengemäß an die oberen Hosenkanten nähen.

Schlafsack

Dieser Schlafsack wächst lange mit und bietet genügend Platz zum Strampeln.

Da er aus zwei Stofflagen (innen Molton, außen Blümchenstoff) genäht wird, ist er auch mollig warm. Auf den Schultern sitzen Knöpfe, an der linken Seite ist ein Reißverschluß eingearbeitet. Die überschüssige Länge können Sie mit Knopf und Öse, wie es die Zeichnung zeigt, hochknöpfen. Wenn Ihnen die Blendeneinfassung am Oberteil zuviel Arbeit macht, verstürzen Sie die Teile einfach (siehe Anleitung)!

Schlafsack zum Hoch-knöpfen

Arbeitsanleitung Schlafsack ab Größe 68

Stoffverbrauch und Material: 1,80 m geblümte Waschwolle, 90 cm breit; 1,80 m dünner weißer Molton, 90 cm breit; 4 Knöpfe, 12 mm ∅; 1 Reißverschluß, 40 cm lang.

Zuschneiden und nähen: Das Schnitteil je zweimal aus Blümchenstoff und Molton zuschneiden. Wenn Sie das Oberteil mit Blenden einfassen wollen, müssen Sie Schulter-, Ausschnitt- und Armausschnittkanten bis zum oberen Querzeichen ohne Nahtzugaben zuschneiden. Wollen Sie das Oberteil verstürzen, geben Sie rundherum 1 cm Nahtzugabe zu. An alle anderen Kanten werden 2 cm angeschnitten. Für die Blende brauchen Sie zwei 75 cm lange, 3 cm breite Streifen, eventuell aus einem kontrastfarbenen Rest. Heften Sie den Molton auf die linke Seite der Stoffteile und fassen Sie die Oberteile mit den Blendenstreifen 1 cm breit ein (siehe Seite 11). Wenn Sie die Oberteile nur verstürzen wollen, steppen Sie sie bis zum oberen Reißverschlußzeichen 1 cm breit zusammen. Schneiden Sie die Nahtzugaben auf 0,5 cm Breite zurück und

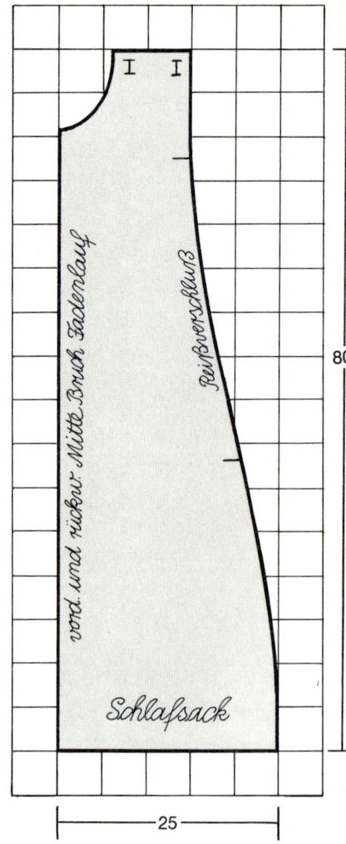

wenden Sie die Oberteile nach rechts. Bügeln und knappkantig absteppen.
Beim Schließen der Sacknähte lassen Sie an der linken Seite die Naht bis zum unteren Querzeichen für den Reißverschluß offen. Reißverschluß einnähen und die vier Knopflöcher zeichengemäß in die Vorderteile arbeiten, Knöpfe annähen – und fertig!

10 Tips fürs Baby

♥ Babys wachsen so schnell (im ersten Monat rund 4 cm), daß Sie von den ganz kleinen Babysachen (Größe 56) höchstens zwei Garnituren brauchen. Diese sollten weiß und aus Baumwolle sein, damit man sie kochen kann. Später gehen auch farbige Hemdchen und Höschen, die mit 60° gewaschen werden.

♥ Es genügt, wenn Sie von den angebotenen Babygrößen (56, 62, 68, 74, 80) immer nur jede zweite kaufen (56, 68, 80 zum Beispiel). Oft werden die Sachen auch schon von den Herstellern als Zwischengröße (z. B. 56/62) angefertigt.

♥ Nähen Sie bei Hemdchen und Jäckchen mit Durchzugband im Ausschnitt die Bänder in der Mitte des Halslochs mit ein paar Stichen fest: Dann gehen sie bei der Wäsche nicht verloren, und das Baby kann sie auch nicht verschlucken.

♥ Lange Schleifen und Bänder können für Babys gefährlich werden! Verknoten Sie Träger oder Bindebänder immer ganz fest, damit das Baby sie nicht aufzerren kann.

♥ Hemdchen, Blüschen und Pullover, die über den Kopf gezogen werden, müssen einen Reißverschluß, Knöpfe, Drucker oder einen Schlitz haben. Manche Pullis haben auch ein eingezogenes Gummiband im Kragenbund.

♥ Die Anschaffung einer Babywaage lohnt sich meistens nicht. Man kann sie sich in Drogerien leihen und braucht sie höchstens bis zum 6. Monat. Wenn Sie Ihr Baby danach noch wiegen wollen: Stellen Sie sich erst mit, dann ohne Baby auf die Personenwaage! Die Differenz entspricht dann dem Gewicht des Babys.

♥ Legen Sie kein Steck- oder Kopfkissen in den Kinderwagen. Kissen sind überflüssig und sogar gefährlich, weil das Baby sie über den Kopf ziehen kann.

♥ Wenn Sie sich Babysachen wünschen dürfen, wählen Sie keine Ausfahrgarnitur! Davon braucht man im Höchstfall zwei. Praktischer sind Sachen, die Sie unter Umständen täglich mehrmals wechseln müssen: Strampler, Hemden, Pullis, Jäckchen, Söckchen und Frotteelaken. Oder Spielzeug: Holzgreiflinge, Klappern und waschmaschinenfeste Stofftiere.

♥ Neben einer Waschmaschine, die Sie jetzt unbedingt brauchen, erleichtert Ihnen ein Wäschetrockner die Arbeit. Sie sparen das Aufhängen und Bügeln, denn die Wäsche wird im Heißlufttrockner weich und locker. Denken Sie aber daran, daß neue Sachen im Heißlufttrockner leicht einlaufen können, vor allem, wenn sie aus Baumwolle sind. Kaufen Sie diese Sachen immer mindestens eine Nummer größer!

♥ Alte geerbte Babysachen wirken nach einem Farbbad wie neu (siehe Färbetips auf Seite 64/65). Niedlich sehen sie auch aus, wenn man sie mit Wäscheband besetzt (siehe Seite 66/67).

K
O

Für Zweijährige

Grundgarderobe in Größe 98

Eine komplette Grundgarderobe für Zweijährige sind Trägerkleid, Bluse, Latzhose (zweimal) und Weste. Hinzu kommt noch eine Wendejacke mit Kapuze. Alle Sachen können untereinander und mit anderen kombiniert werden und passen Jungen und Mädchen. Die Schnitte in Größe 98 eignen sich für alle Stoffe.

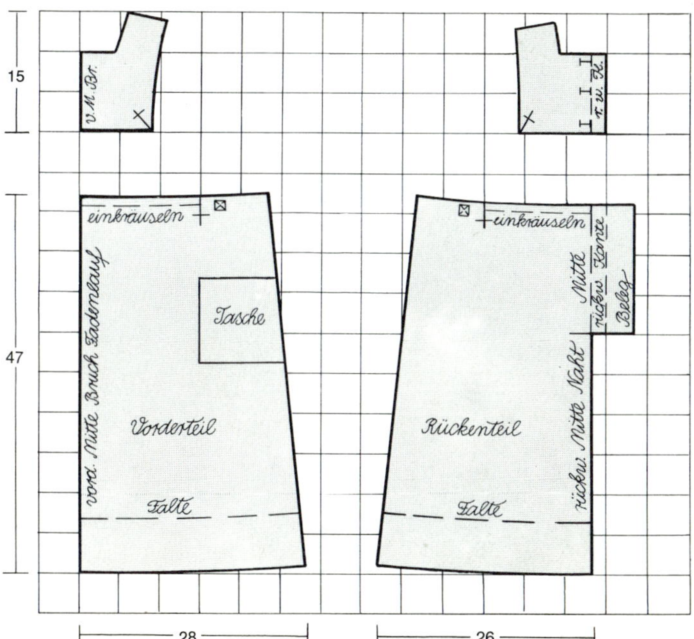

Arbeitsanleitung Trägerkleid in Größe 98

Stoffverbrauch und Material: 1,30 m geblümte Waschwolle, 90 cm breit; 3 Knöpfe, 16 mm Ø; Gummiband, 20 cm lang, 0,75 cm breit.

Zuschneiden und Nähen: Die Oberteile und Taschen vom Trägerkleid müssen Sie doppelt zuschneiden: Sie werden der Einfachheit halber verstürzt, damit die Kanten sauber und haltbar sind. Die Rockteile werden nur einfach zugeschnitten. Außerdem brauchen Sie noch 2 Bindebänder, je 45 cm lang und 4 cm breit (inklusive Nahtzugabe).

Schulternähte schließen und die Vorder- und Rückenteile an der Halsausschnittkante und an den Seiten verstürzen. Teile wenden und knappkantig absteppen. Die Taschen ebenfalls verstürzen, dabei an den Seiten offen lassen, da sie beim Schließen der Rock-Seitennähte mitgefaßt werden. Rock-Seitennähte schließen und versäubern. Die hintere Mitte bis zum Querzeichen zusteppen. Den angeschnittenen Beleg bis zur rückwärtigen Kante verstürzen und wenden. Den Faltenbruch parallel zum Saum 2 cm breit abnähen. Die vordere Rockbahn auf 17 cm, die hinteren Rockbahnen auf je 7 cm einkräuseln. Die Oberteile an den Rock steppen. Die Rockteile an den offenen Seiten 1 cm breit umsteppen und das Gummiband einziehen. Die Bindebänder auf 1 cm Breite verstürzen und mit einem Kreuz aufsteppen. Dabei das Gummiband mitfassen. Die Knopflöcher in das linke Rückenteil arbeiten. Knöpfe annähen, Trägerkleid säumen und bügeln.

Blusen

Arbeitsanleitung Bluse in Größe 98

Hier können Sie nach einem Schnitt zwei Blusen nähen! Dafür brauchen Sie nur wenig zu verändern: Statt des Kragens bei der Flanellbluse bekommt die Blümchenbluse eine Rüsche. Die Ärmel der Rüschenbluse sind 3 cm länger und werden mit elastischem Nähfaden (siehe Seite 142) eingekräuselt. Beide Blusen werden hinten geknöpft.

Stoffverbrauch und Material: Für die *Flanellbluse* 1 m Baumwollflanell, 90 cm breit; 9 Knöpfe, 10 mm ∅.
Für die *Rüschenbluse* 1,05 m geblümte Waschwolle, 90 cm breit; 7 Knöpfe, 10 mm ∅; elastischer Nähfaden.

Zuschneiden und Nähen: Für die *Flanellbluse* legen Sie alle Teile auf den Stoff und schneiden Sie sie mit 1 cm Nahtzugabe zu. Außerdem brauchen Sie noch 2 Schrägstreifen, je 15 cm lang und 3 cm breit (inklusive Nahtzugaben) für das Versäubern der Ärmelschlitze.

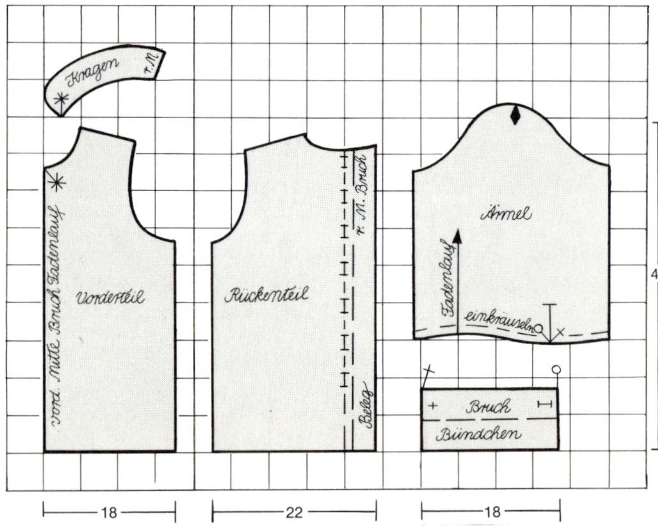

Schulternähte und Seitennähte schließen. Die angeschnittenen Belege verstürzen, wenden und die Kanten bügeln. Die Kragenteile miteinander verstürzen, wenden und zeichengemäß an die Halsausschnittkante setzen. Die Ärmelschlitze einschneiden und mit Schrägstreifen versäubern. Ärmelnähte schließen. Die Ärmelbündchen zur Hälfte in den Bruch bügeln und die Schmalseiten verstürzen. Ärmellängen auf die Bündchenweite einkräuseln und die Bündchen ansteppen. Die Armkugeln einkräuseln und die Ärmel einsetzen. Bluse säumen und bügeln. Knopflöcher in das linke Rückenteil arbeiten und Knöpfe annähen.

Rüschenbluse: Hier wird der Halsausschnitt ohne Nahtzugaben zugeschnitten. Der Rüschenstreifen ist 59 cm lang und 10 cm breit. Zum Einfassen des Halsausschnitts brauchen Sie noch einen Schrägstreifen, 4 cm breit und 34 cm lang. Weitere Anleitung wie bei Flanellbluse. Rüschenstreifen in den Bruch bügeln, einkräuseln und an die Halsausschnittkante steppen. Mit dem Schrägstreifen versäubern. Ärmel schmal säumen und in 5 cm Abstand zur Saumkante mit elastischem Nähfaden einkräuseln (siehe Seite 142).

Latzhosen

Arbeitsanleitung Latzhosen in Größe 98

Wir haben die Latzhose in der kürzeren Form aus Kord und mit langen Beinen aus drei Stoffschichten (Waschwolle, Watteline und Molton) genäht. Natürlich können Sie alle Hosen auch aus anderen Stoffen nähen. Wenn man bei der kürzeren Form die Bindebänder im Saum wegläßt, sieht sie fast aus wie ein Hosenrock!

Stoffverbrauch und Material: Für die *Kordhose* 1,20 m Kord, 90 cm breit; 0,40 m Blümchenstoff, 90 cm breit.
Für die *Blümchenhose* 1,60 m Waschwolle, 90 cm breit; 0,80 m Molton, 130 cm breit; 0,80 m Watteline, 140 cm breit.
Für beide Hosen 1 Reißverschluß, 25 cm lang; 2 Knöpfe, 15 mm ∅.

Zuschneiden und Nähen: 2 Träger, 20 cm lang und 8 cm breit; 2 Riegel für vorn, je 8 cm lang, 1 Riegel für hinten, 12 cm lang, alle 5 cm breit; 4 Bindebänder, 40 cm lang und 2 cm breit. 2 Taschen: je 19×17 cm; 2 Bindebänder, 150 cm lang und 2 cm breit (alles inklusive Nahtzugaben).

Kordhose: Die Hosenteile je zweimal mit 1 cm Naht- und 2 cm Saumzugabe zuschneiden. Taschen, Riegel und Bindebänder wie oben. Aus dem Blümchenstoff Taschen, Riegel und ca. 3 cm breite Belege für die Hosenausschnittkanten zuschneiden, damit diese Teile verstürzt werden können. Die äußeren Beinnähte schließen. Die Taschen mit dem Blümchenstoff verstürzen und die oberen Kanten 0,5 cm breit absteppen. Taschen zeichengemäß auf die Hosenseiten steppen. Die inneren Beinnähte und die Schrittnaht bis zum Reißverschlußzeichen schließen. Die Bindebänder auf 0,8 cm Breite verstürzen. Die Riegel mit dem Blümchenstoff verstürzen, bügeln und zeichengemäß auf die Hose steppen. Dabei die Bindebänder mitfassen. Die Ausschnittkanten der Hose mit den Belegen verstürzen und knappkantig absteppen. Reißverschluß in die vordere Mitte nähen. Die Träger auf 3 cm Breite verstürzen und an die rückwärtige Ausschnittkante nähen. Knopflöcher in die vordere Ausschnittkante arbeiten und die Knöpfe auf die Träger nähen. Die Hosenbeinsäume 2 cm breit umkippen und die Bindebänder einziehen.
Blümchenhose: Die drei Stoffschichten für die Hosenteile

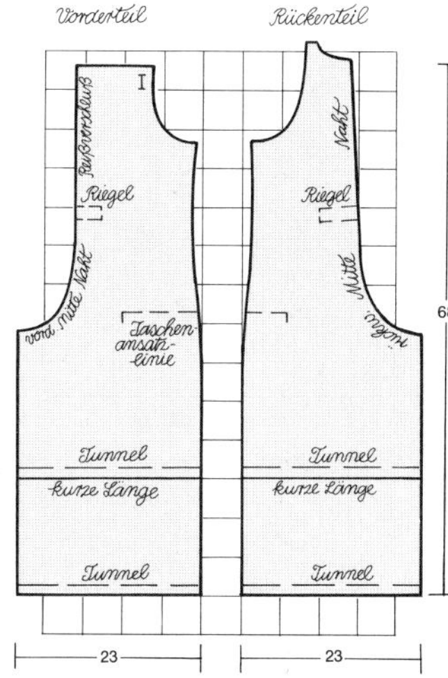

aufeinanderstecken (oben Blümchenstoff, unten Molton, in der Mitte Watteline) und wie einen Stoff verarbeiten. Nahtzugaben wie bei der Kordhose. Die Ausschnittkanten werden mit Schrägstreifen (1 m lang und 3 cm breit) versäubert. Träger, Riegel und Bänder nur aus dem Blümchenstoff zuschneiden. Die Taschen entfallen. Hinzu kommen Knieschoner, die mit Watteline unterlegt und in Rhomben durchgesteppt werden. Weiter wie bei der Kordhose. Die Ausschnittkanten 1 cm breit mit dem Schrägstreifen einfassen.

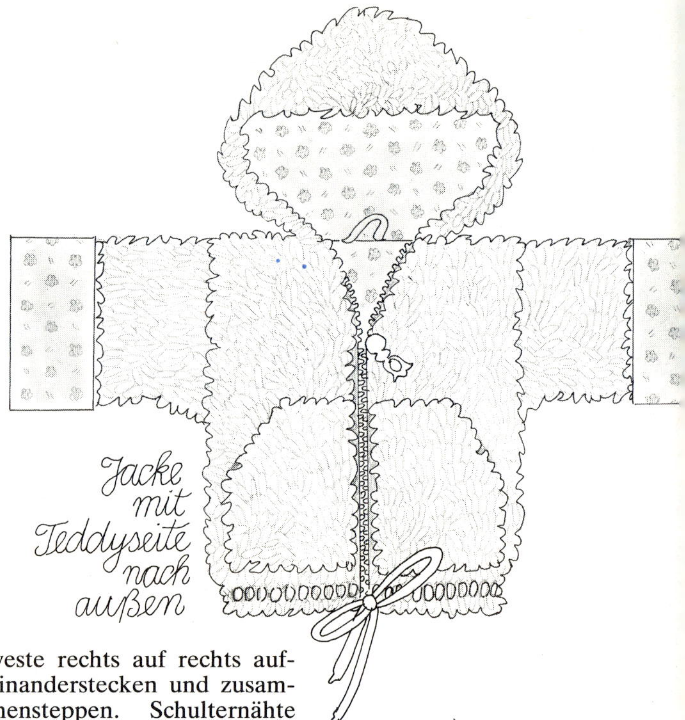

Teddyjacke und -weste

Beide haben eine Innenseite aus Blümchenstoff, die auch nach außen gewendet werden kann (siehe Seite 16 und 22). Trotzdem sind beide Sachen ganz einfach zu nähen.

♥ Aus der Jacke wird ein Mantel, wenn Sie 30 cm zugeben und das Bindeband weglassen.

Arbeitsanleitung Weste in Größe 98

Stoffverbrauch: 0,40 m Plüsch, 90 cm breit; 0,40 m Waschwolle, 90 cm breit.

Zuschneiden und Nähen: Vorder- und Rückenteile und die Taschen werden aus Plüsch und Waschwolle mit je 1 cm Nahtzugabe zugeschnitten. Außerdem brauchen Sie aus Waschwolle: 6 Bindebänder, je 20 cm lang und 4 cm breit, und 2 Streifen, je 8 cm lang und 3 cm breit, zum Versäubern der Schulternähte (inklusive Nahtzugaben). Die Bindebänder auf 1 cm Breite verstürzen und schmal absteppen. Die Bänder zeichengemäß auf die geblümten Vorderteile stecken. Seitennähte der Plüsch- und der Blümchenteile schließen. Plüschweste und Blümchenweste rechts auf rechts aufeinanderstecken und zusammensteppen. Schulternähte offen lassen. Die Ecken an den Armlöchern schräg einknipsen und die Weste durch die offenen Schulternähte nach rechts wenden. Bügeln. Schulternähte so schließen, daß die Blümchenseite nach innen kommt. Nahtzugaben auf 0,5 cm zurückschneiden. Die 2 Blendenstreifen auf gut 1 cm Breite umbügeln und so auf die Schulternähte steppen, daß die Nahtzugaben verdeckt werden. Taschen verstürzen und zeichengemäß aufnähen.

Weste Größe 98

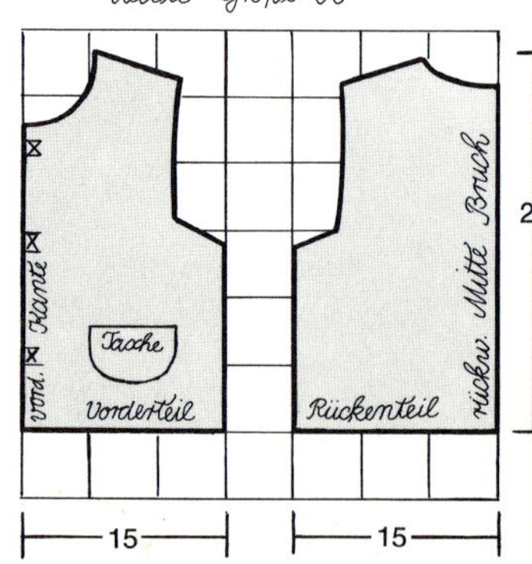

K
O

Arbeitsanleitung Wendejacke in Gr. 98

Stoffverbrauch und Material: 1,20 m Teddyplüsch, 90 cm breit; 1,20 m geblümte Waschwolle, 90 cm breit; 1 teilbarer Reißverschluß, 30 cm lang.

Zuschneiden und Nähen: Die Schnitteile aus Plüsch und aus Blümchenstoff mit 2 cm Nahtzugabe zuschneiden. Die Streifen für die Bindebänder sind je 110 cm lang und 2 cm breit (inklusive Nahtzugaben).

In beiden Stoffteilen die Schulter-, Seiten- und Ärmelnähte schließen. Die Ärmel zeichengemäß einsetzen und die Jackenteile links auf links ineinanderziehen. Dann die Schnittkanten an Jacken- und Ärmellänge nahtbreit gegeneinander einkippen und die Kanten knappkantig aufeinandersteppen. Die vorderen Kanten genauso ineinanderkippen, dabei in jede Seite eine Reißverschlußschiene einlegen und feststeppen. Die Taschen verstürzen und absteppen. Mit kleinen Rückstichen auf jede Jackenseite aufnähen. Die Nähte in den Kapuzenteilen schließen. Die Plüsch- und die Blümchenkapuze an der Außenkante verstürzen. Die Falten X auf O einlegen und die Kapuze von der Plüschseite her in das Halsloch setzen. Die andere Schnittkante mit der Hand an der Ansatznaht ansäumen. Den Kapuzenrand und den Jackensaum 1 cm breit absteppen. In diese Tunnel die auf 1 cm Breite verstürzten Bindebänder einziehen.

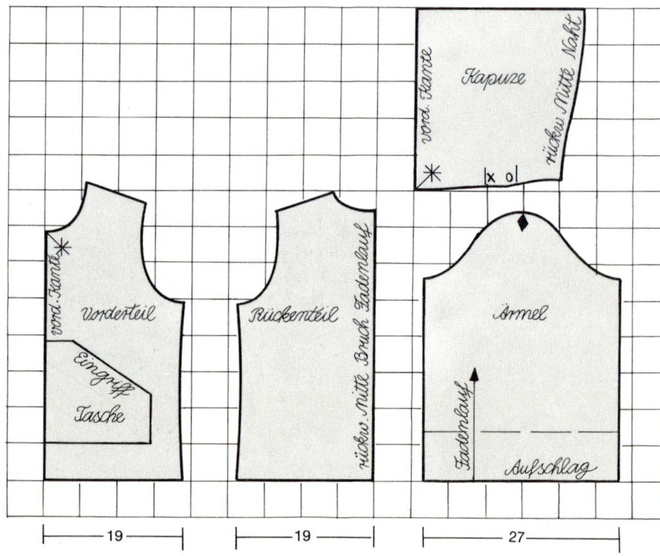

Für Drei- bis Sechsjährige

In diesem Lebensabschnitt kommen viele neue Dinge auf das Kind zu: Vielleicht geht es in den Kindergarten – da braucht es praktische Kleidung für drinnen und draußen, die problemlos gewaschen werden kann. Das Kind lernt, sich selber an- und auszuziehen – da sind einfache Verschlüsse angebracht. Solange die Kleinen noch ein Bäuchlein vor sich hertragen, brauchen sie Röcke und Hosen mit Trägern, am besten mit einem Latz: Dann rutschen die Träger weniger! Gut geeignet für diese Altersgruppe: Latzhosen, Kittelblusen, Schürzenkleider und Westen zum Überziehen.
Erst ab 4 bis 5 Jahren können die Kinder auch Hosen und Röcke ohne Träger tragen.
Für diese Altersgruppe finden Sie in diesem Kapitel ganz einfache Schnitte für schicke Bundhosen, Hosenröcke und einen Wickelrock.
Außerdem gibt es noch simple Kleider, die Sie mit wenig Aufwand festlich verschönern können und eine wetterfeste Regenkombination.

♥ Alle Schnitte eignen sich für verschiedene Stoffe, so daß Sie zum Beispiel auch für Ihren Sohn eine festliche Hose nähen können – nach unserem Hosenschnitt auf Seite 40/41.

♥ Die meisten Sachen gibt es in zwei Größen, weil sie sowohl bei den Kleinen als auch bei den Größeren hübsch aussehen.
Außerdem sind manche Kinder in der Größe ihrem Alter voraus. Messen Sie einfach die Körperlänge! Dann wissen Sie, welche Kleidergröße Ihr Kind braucht. Denn die verschiedenen Größenbezeichnungen (zum Beispiel 104, 110, 116 usw.) entsprechen der Körpergröße in Zentimetern!

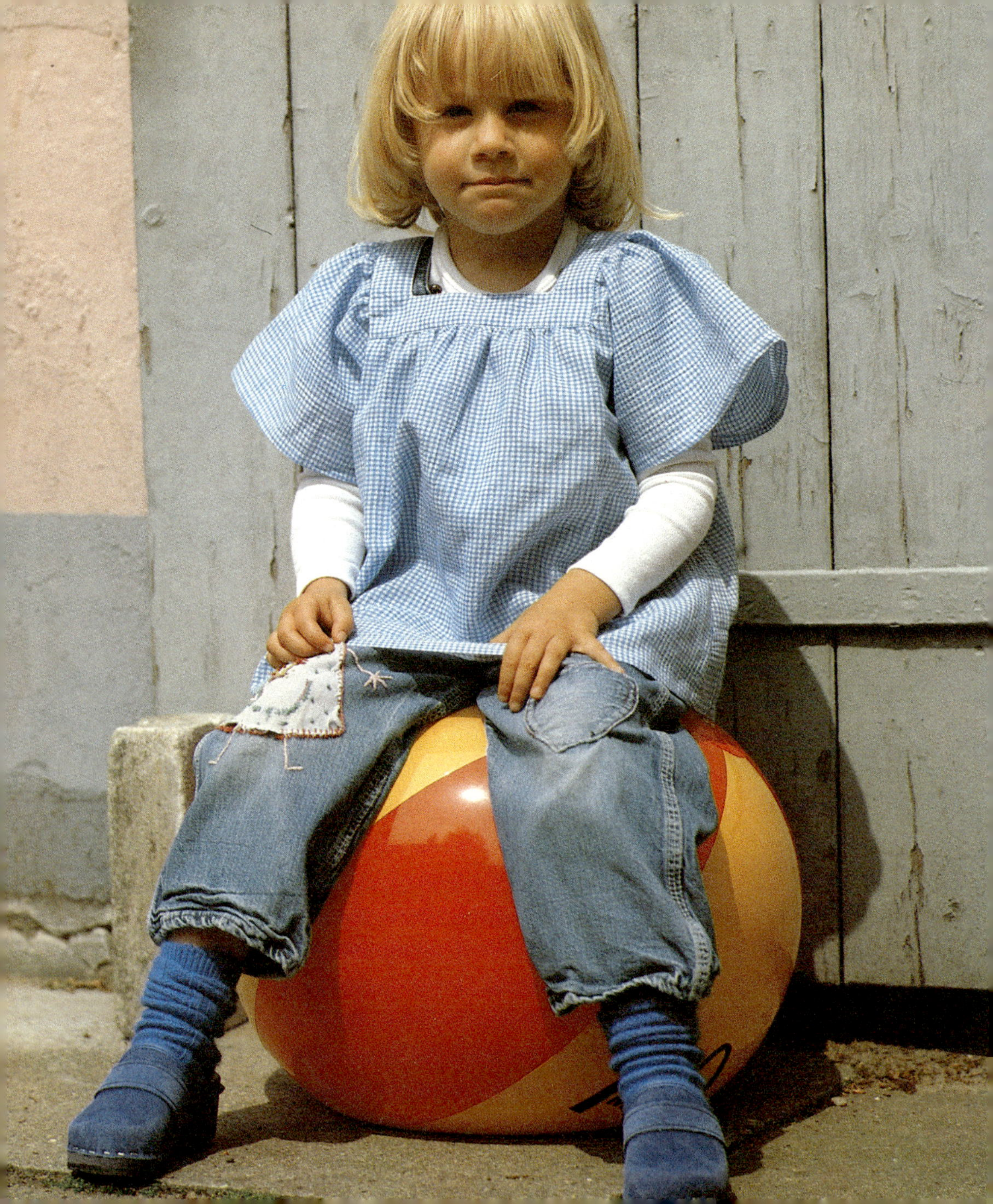

Kittelbluse in Gr. 104 und 116

Kinderleicht zu nähen ist diese Bluse mit dem großen, eckigen Ausschnitt. Sie paßt über Hemden, Pullis und T-Shirts, sieht aus jedem Stoff anders aus und macht besonders wenig Arbeit, weil sie keinen Verschluß braucht.

❤ Wenn Sie den Schnitt entsprechend verlängern, wird daraus ein Kleid. Die Ärmelsäume kann man mit Gummizug einhalten.
Große aufgesetzte Taschen (Schnitt beim Flügelkleid) sind bequem und praktisch. Schnitt und Anleitung auf Seite 26.

Kleid mit Flügelärmeln in Gr. 104 und 116

Wie lustige, kleine Flügel wirken die Ärmel an diesem Kleid. Der Schnitt paßt von Größe 104 bis 116, sofern Sie den Rock gleich etwas länger zuschneiden oder die Falten später herauslassen. Kragen, Ärmel und Tascheneingriffe sind hier mit Zackenlitze besetzt. Schnitt und Arbeitsanleitung auf Seite 27.

Arbeitsanleitung Kittelbluse in Größe 104 und 116:

Stoffverbrauch: 1,20 m Karostoff, 90 cm breit.

Zuschneiden und Nähen: Geben Sie an den Seiten je 2 cm, am Ausschnitt 1 cm und am Saum 4 bis 6 cm zu. Die Blende wird viermal mit je 1 cm Nahtzugabe zugeschnitten. Verstürzen Sie die Ausschnittblende an der Innenkante. Kräuseln Sie die Ausschnittkanten der Bluse ein. Steppen Sie die obere Blende rechts auf rechts auf die Bluse. Bügeln Sie die Nahtzugaben nach innen, säumen Sie die innere Blende gegen die Ansatznaht und steppen Sie alles von rechts doppelt ab. Zum Schluß werden die Seitennähte geschlossen und die Bluse an Ärmeln und Saum 1 cm breit gesäumt.
Wenn Sie die Bluse mit einem Knopfverschluß vorn oder hinten arbeiten möchten, müssen Sie die entsprechenden Zugaben extra an die jeweilige Mitte anschneiden. Für normal große Knöpfe (∅ ca. 15 mm) rechnet man 1,5 cm von der Mitte bis zur Kante und 4 cm für den Beleg.

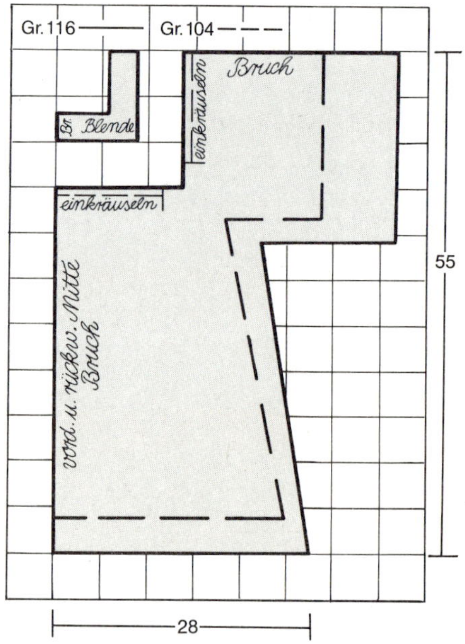

Kittelbluse

Kleid mit Flügelärmeln

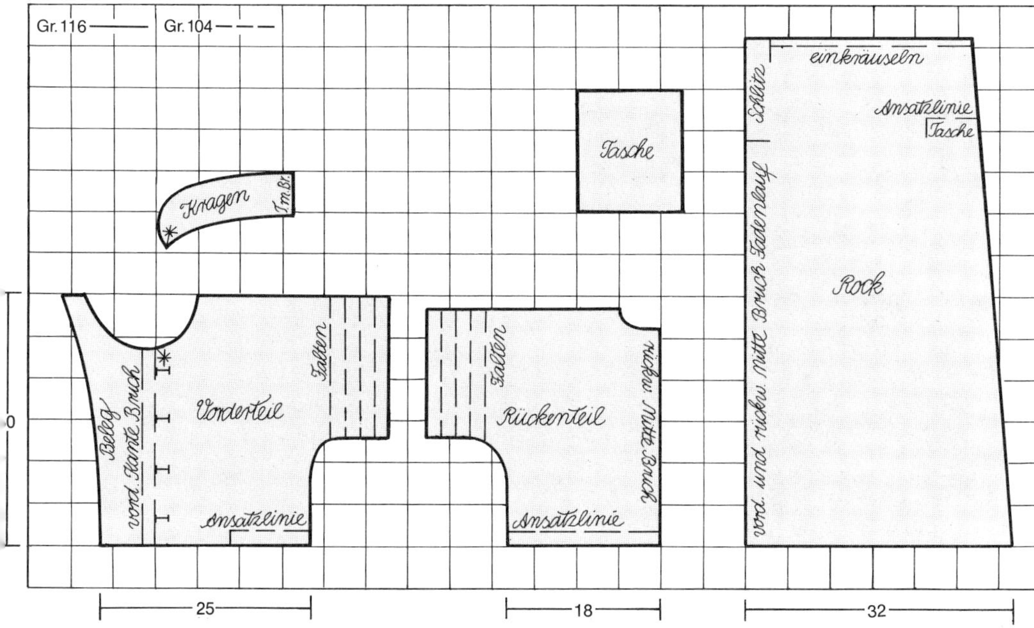

Arbeitsanleitung Kleid mit Flügelärmeln in Größe 104 bis 116

Stoffverbrauch und Material: 2 m kleinkarierter Baumwollstoff, 90 cm breit; 4 Knöpfe, 15 mm ∅; 150 cm weiße Zakkenlitze.

Zuschneiden und Nähen: Legen Sie die Schnitteile auf den Stoff und schneiden Sie sie mit den entsprechenden Nahtzugaben zu. Außerdem brauchen Sie noch 2 Bindebänder, zusammen 130 cm lang und 6 cm breit (inklusive Nahtzugaben). Steppen Sie die Falten (je 1 pro Ärmel) zeichengemäß von rechts ab und bügeln Sie den Bruch zum Ärmelsaum hin. Eventuell Zakkenlitze auf die Faltenbrüche steppen. Schulter- und Seitennähte schließen. In die vordere Rockmitte einen Schlitz einarbeiten. Seitennähte im Rock schließen und die obere Kante einkräuseln. Rock und Oberteil zusammennähen. Die angeschnittenen Belege umbügeln. Den Kragen verstürzen und zeichengemäß an die Halsausschnittkante setzen. Eventuell Zackenlitze aufsteppen. Die Knopflöcher zeichengemäß einarbeiten und die Knöpfe annähen. Die Kleider- und die Ärmellängen säumen. Oberhalb der Kleiderlänge, 6 cm von der Saumkante entfernt, eine 2 cm breite Falte absteppen. Den Streifen für die Bindebänder auf 2,5 cm Breite verstürzen. Die Bindebänder auf das Oberteil steppen (siehe Anstoßlinie). Tascheneingriffkanten umsteppen, eventuell Zackenlitze aufsteppen, und die Taschen auf den Rock setzen.

Schürzenkleid in Gr. 116/128

Ohne Knöpfe, ohne Schnallen und einfach über den Kopf zu ziehen: Dieses Schürzenkleid ist hübsch und praktisch zugleich!

Hier ist es aus zweierlei Stoff genäht, dadurch wirkt es besonders lustig. Den einfachen Schnitt können Sie bei einfarbigen Stoffen mit Blenden, Trägerrüschen oder aufgesteppten Litzen verschönern. Der Wickelschnitt wächst eine Weile mit, deshalb die Doppelgröße. Die Rocklänge vom Schnittschema reicht nur bis zum Knie. Wer's länger mag, gibt 10 cm zu.

♥ Wer will, kann das Kleid auch mal umdrehen und die Kehrseite nach vorne tragen!

Arbeitsanleitung

Stoffverbrauch: 1 m großgeblümter Stoff, 90 cm breit; 1 m Tupfenstoff, 90 cm breit.

Nähen und Zuschneiden: Legen Sie die Schnitteile auf den Stoff und schneiden Sie die Teile mit den entsprechenden Nahtzugaben zu. Für die Bindebänder schneiden Sie vier 8 cm breite und 65 cm lange gerade Streifen zu (inklusive Nahtzugaben). Kräuseln Sie die obere Rockkante auf Oberteilweite ein. Steppen Sie die Rockteile an die Oberteile. Schließen Sie die Schulternähte. Versäubern Sie die Ausschnittkanten mit Formstreifen (oder Blenden) und steppen Sie sie ab. Die seitlichen Kanten von Oberteil und Rock werden mit Zickzackstichen versäubert und nahtbreit umgesteppt. Verstürzen Sie die Bindebänder auf 3 cm Breite. Die Bindebänder werden direkt an die Oberteile gesteppt. Obere Taschenkanten umbügeln und absteppen und die Taschen zeichengemäß aufnähen. Schürzenkleid säumen und bügeln.

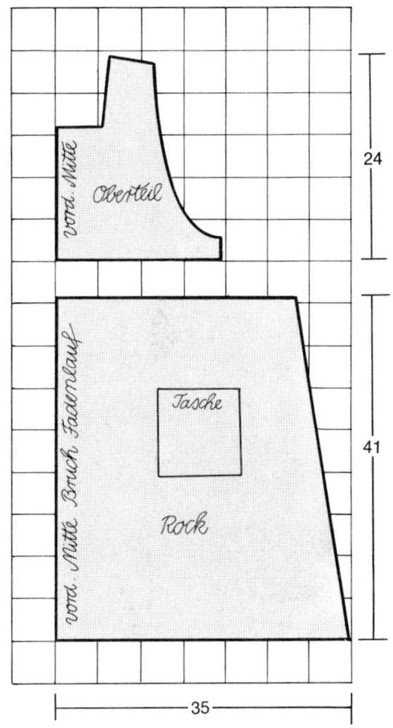

K
O

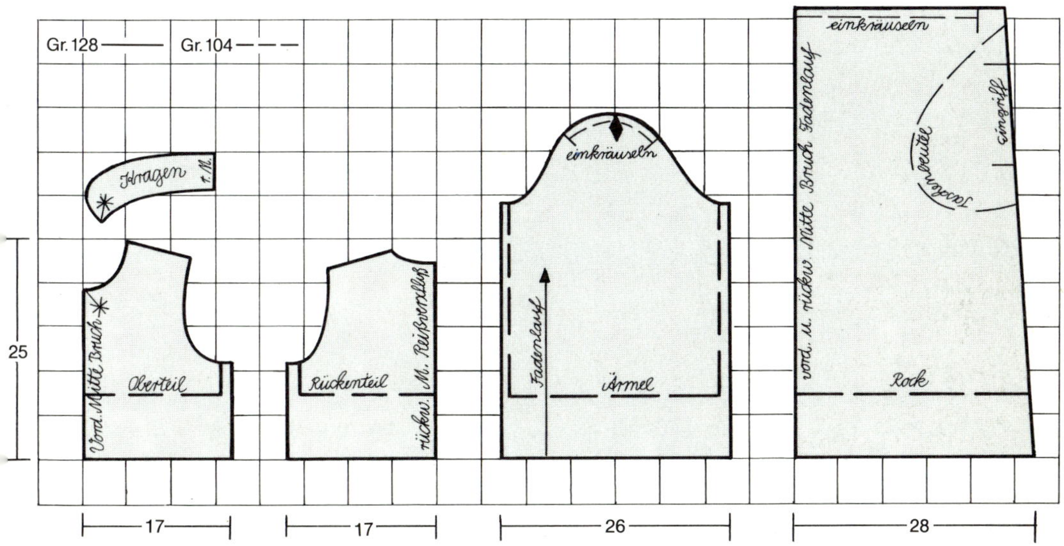

Nickykleid in Gr. 104 und 128

Festlich, aber nicht feingemacht wirken diese Kleider aus Nickystoff. Die Spitzenkragen sind fertig gekauft.
Mit auf dem Schnitt: ein Kragen, den Sie aus Blümchenstoff oder weißem Stoff nachnähen können.

Arbeitsanleitung

Stoffverbrauch und Material: 1,40 m (Größe 128: 1,50 m) Nickystoff, 140 cm breit; 1 Reißverschluß, 20 cm lang; Rest Blümchen- oder Uni-Stoff für den Kragen; Gummiband von 0,5 cm Breite.

Zuschneiden und Nähen: Schneiden Sie die Teile mit den entsprechenden Nahtzugaben zu. Nur das rückwärtige Oberteil bekommt eine Naht. Die beiden Rockteile werden im Bruch zugeschnitten! Außerdem 2 Bindebänder, je 65 cm lang und 10 cm breit (inklusive Nahtzugaben) und 4 Taschenbeutel. Schließen Sie die Schulternähte und das untere Stück der rückwärtigen Mittelnaht und nähen Sie den Reißverschluß ein. Kippen Sie die Halsausschnittkante nach innen und zackeln Sie sie von rechts mit großem Stich fest. Kräuseln Sie die Rockteile ein und steppen Sie sie an die Oberteile. Nehmen Sie dafür einen ganz leichten Zickzackstich, damit die Nähte etwas elastischer sind. Beim Schließen der Seitennähte fassen Sie die auf 3,5 cm verstürzten Bindebänder in Taillenhöhe mit. Lassen Sie dabei auch die Schlitze für die Taschen offen. Taschenbeutel annähen und zusammensteppen. Armkugel einkräuseln, Ärmelnähte schließen und Ärmel einsetzen. Ärmelsäume 1 cm breit umsteppen, Gummiband einziehen. Kleid säumen.
Den Kragen viermal zuschneiden. Je 2 Teile miteinander verstürzen, an der inneren Naht ein Stück zum Wenden offen lassen. Mit der Hand schließen, bügeln, absteppen und in das Halsloch nähen.

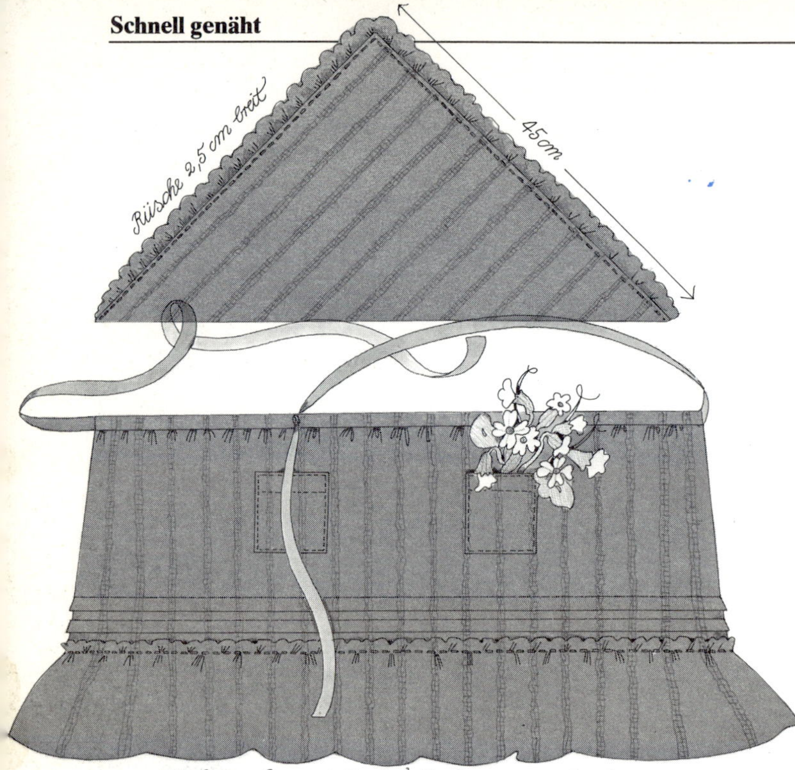

Wickelrock mit Kopftuch Größe 104 bis 128

Wickelrock in Gr. 104 bis 128

Dieser Rock ist so einfach, daß Sie dafür nicht mal einen Schnitt brauchen! Ein gerades Stück Stoff, oben angekraust und mit einem Bindeband eingefaßt, ist das ganze Geheimnis.

Dadurch paßt der Rock in der Weite für die Größen 104 bis 128 ohne Veränderung – nur die Länge müssen Sie beachten und individuell auf die Größe Ihres Kindes abstimmen! Rund um den Saum herum läßt sich der Rock prima variieren: mal mit Volant, mal ohne, mal nur mit Falten oder mal mit allem, wie es die Zeichnung zeigt. Schick dazu ist ein Dreieckstuch. Geeignet sind alle Stoffe, vom einfarbigen Baumwollkrepp bis zum leichten Wollstoff. Einzige Voraussetzung: Die Stoffe dürfen nicht zu dick und zu schwer sein.

Arbeitsanleitung

Stoffverbrauch: ca. 1,50 m, 90 cm breit (ohne Volant ca. 40 cm weniger). Für ein Dreieckstuch müssen Sie 60 cm mehr kaufen.

Zuschneiden und Nähen: Schneiden Sie zwei 90 cm lange und 8 cm breite Streifen für die Bindebänder ab. Für den Volant brauchen Sie drei je 90 cm lange und 12 cm breite Streifen (inklusive Nahtzugaben). Den übrigen Stoff teilen Sie in zwei gleich lange Teile. Von einer Seite schneiden Sie die Taschen ab (fertige Größe: 13×12 cm). Steppen Sie nun die beiden Stoffbahnen aneinander. Kippen Sie an jeder Seite 4 cm als Beleg nach innen. Kräuseln Sie die obere Kante auf 68 cm ein. Steppen Sie die beiden Bindebänder aneinander und nähen Sie sie Mitte auf Mitte an das Rockteil. Die Bandenden kippen Sie gegeneinander. Das Bündcheninnere nähen Sie an die Ansatznaht. Alle Kanten absteppen. Steppen Sie die Taschen ca. 22 cm von der vorderen Mitte und 10 cm von oben auf das Rockteil. Nähen Sie eventuell von rechts die Fältchen an der unteren Rockkante ab, dann können Sie den Rock später durch das Herauslassen der Falten mehrmals verlängern. Steppen Sie die drei Volantteile zusammen, kräuseln Sie die Weite ein und setzen Sie den Volant an den Rock. Den Volant können Sie an der unteren Kante mit Zickzackstich versäubern oder schmal säumen.

Hosenrock in Gr. 116 und 128

Hübsch und praktisch ist so ein Hosenrock für Mädchen, die sich gern bewegen und am liebsten immer Hosen anziehen möchten. Das besondere an diesem Hosenrock ist die Kellerfalte an der Schrittnaht. Hier auf der Zeichnung erkennt man sie genau.
Das Foto auf Seite 36 zeigt zwei fertige Hosenröcke aus verschiedenen Stoffen.

Arbeitsanleitung

Stoffverbrauch und Material: 1,30 m Karo- oder einfarbiger Stoff, 140 cm breit (Größe 128: 1,50 m); alles mit Latz; 65 cm Gummiband, 3 cm breit.

Zuschneiden und nähen: Das Hosenrockteil müssen Sie insgesamt viermal zuschneiden. Geben Sie an den Nähten je 2 cm und an der oberen Kante 4 cm zu. Schließen Sie die Schrittnaht in Vorder- und Rückenteil und bügeln Sie die Falten ein. Schließen Sie die Seitennähte. Die Eingriffkanten der Taschen werden umgebügelt und abgesteppt: schmalkantig und steppfußbreit daneben. Kippen Sie die übrigen Taschenkanten ebenfalls um und steppen Sie sie doppelt auf den Hosenrock. Bügeln Sie die obere Hosenrockkante 4 cm breit um und steppen Sie sie 3,5 cm von der Kante entfernt fest. Vorher sollten Sie die Faltentiefe innerhalb dieser 4 cm herausschneiden, damit der Bund nicht so dick wird. Lassen Sie ein Stück offen, messen Sie das Gummiband ab und ziehen Sie es ein. Die Öffnung mit der Hand schließen. Dann die inneren Beinnähte in einem Rutsch schließen und bügeln. Die Rocklänge säumen.

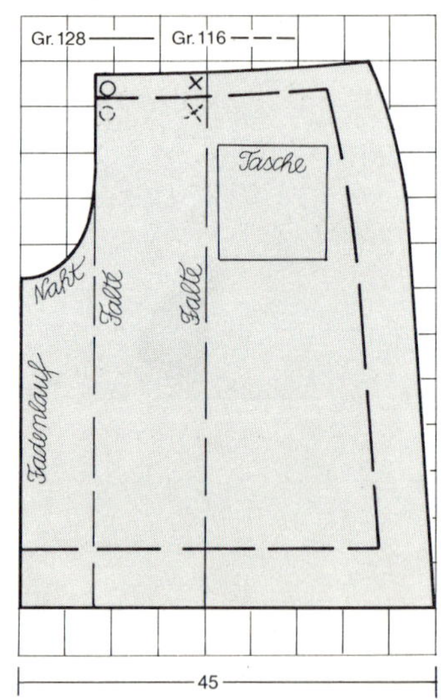

♥ Wer will, kann an den Hosenrock auch einen Latz mit Trägern nähen. Schneiden Sie den Latz am besten doppelt zu und verstürzen Sie die Seiten und die obere Kante. Nähen Sie eine Tasche auf. Der fertige Latz wird vorn auf oder unter die obere Rockkante gesteppt. Probieren Sie den Rock vorher Ihrem Kind an, stecken Sie den Latz auf und steppen ihn fest. Die Träger (Länge ca. 40 bis 50 cm) werden vorn angeknöpft oder mit zwei Ringen befestigt.

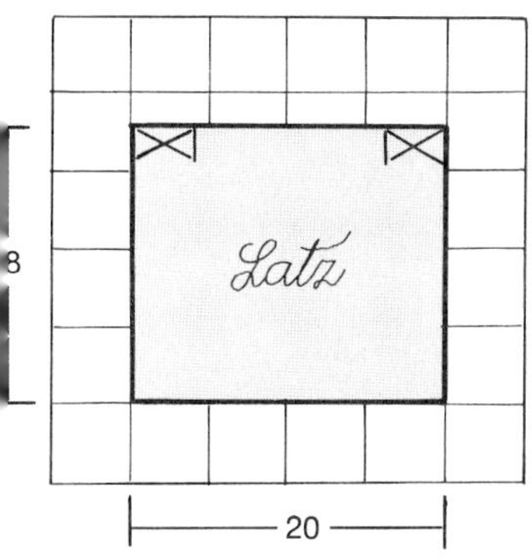

Hosenrock in Gr. 116 und 128

Hier sehen Sie noch einmal den Hosenrock für Mädchen zwischen 5 und 7 Jahren. Durch die Kellerfalte merkt man erst auf den zweiten Blick, daß es sich hier um eine gelungene Mischung aus Rock und Hose handelt (Schnitt und Arbeitsanleitung Seite 34).

Latzhose in Gr. 104 und 116

Diese Hosen rutschen nicht! Die Träger sind hinten extra hoch angeschnitten, und der Gummizug hält die Hose in der Taille fest. Der Schnitt eignet sich für Jungen und Mädchen und kann zünftig mit Taschen und Knieschonern ausstaffiert werden (Schnitt und Arbeitsanleitung Seite 38/39).

Latzhose in Gr. 104 und 116

Die Latzhosen sind ideal für den Kindergarten, weil sie weit geschnitten sind und durch den Gummizug leicht an- und ausgezogen werden können.
Wattierte und gesteppte Knieschoner sehen lustig aus und schonen die Kniepartien der Hose, die bei kleinen Kindern schnell durchgescheuert sind. Sie können die Knieschoner gleich oder später (auf die schadhaften Stellen) aufnähen. Heben Sie sich dafür einen Stoffrest auf! Unterlegt werden die Knieschoner am besten mit Watteline, die in Rhomben festgesteppt wird.
Größere Kinder freuen sich über eine Latzhose im Handwerkerstil mit schmalen, seitlich aufgesetzten Taschen (für Hammer und Zollstock) oder Schlaufen »fürs Werkzeug«.

Arbeitsanleitung Latzhose

Stoffverbrauch und Material: (Größe 116 in Klammern): 1,75 m (1,90 m) karierter Baumwollstoff, 90 cm breit; 0,40 m (0,50 m) Gummiband, 2 cm breit; 2 Knöpfe, 15–18 mm Ø.

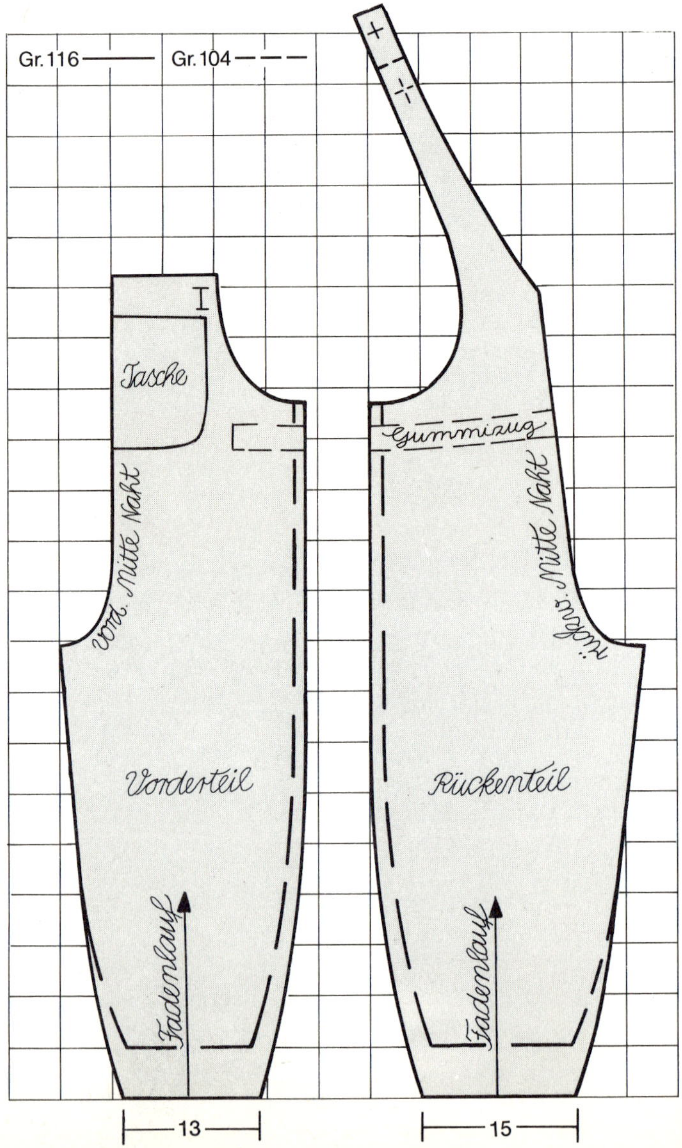

Latzhose mit gesteppten Knieschonern

Zuschneiden und Nähen: Den Stoff zur Hälfte in den Bruch legen und die Hosenteile mit den entsprechenden Nahtzugaben zuschneiden. An die jeweilige obere Latzkante 5 cm breite Belege anschneiden. Bei Größe 104 vorher 2 cm vom vorderen Latz abnehmen, sonst sitzt er zu hoch! An die Trägerkanten 3 cm breite Nahtzugaben anschneiden, dann bekommen die Träger mehr Stand. Die inneren und die äußeren Beinnähte steppen. Nun die vordere und die rückwärtige Schrittnaht schließen. Die Nahtzugaben der seitlichen Ausschnittkanten mit Zickzackstichen versäubern, umbügeln und absteppen (knappkantig und steppfußbreit daneben). Den Beleg an der Latzkante zur linken Stoffseite kippen und feststeppen. Die Nahtzugaben an den Trägerkanten umbügeln, in der Mitte übereinander säumen und die Kanten absteppen. An allen Taschen die Eingriffe umsteppen und die restlichen Schnittkanten umbügeln. Die Taschen knappkantig aufnähen. Für den Gummizug in der Taille auf die linke Stoffseite einen Taftstreifen zeichengemäß aufsteppen. Das Gummiband einziehen und auf die gewünschte Weite abmessen. Mit einem Kreuz feststeppen. Die Hosenbeine säumen. In die Latzecken die Knopflöcher einarbeiten und die Knöpfe auf die Träger nähen.

Hose in Gr. 116 und 128

Bei dieser Hose sparen Sie die Seitennaht, und statt des Bündchens wird in der Taille ein Gummi eingezogen. Deshalb geht das Nähen besonders schnell, und die Hose ist im Nu fertig!
Gerade, weil der Schnitt so einfach ist, können Sie ihn gut variieren:
– Mal bekommt die Hose vorn und hinten Taschen
– mal wird auch unten in den Saum ein Gummi eingezogen
– mal wird sie als Sommerhose nur bis in Kniehöhe zugeschnitten.

Arbeitsanleitung

Stoffverbrauch und Material: 0,90 m Baumwollstoff, 140 cm breit, oder 1,70 m Baumwollstoff, 90 cm breit; 0,50 m Gummiband, 3 cm breit; 1 Hosenreißverschluß, 16 cm lang.

Zuschneiden und Nähen: Geben Sie am oberen Hosenrand 4 cm und am Saum 6 cm zu. Für alle anderen Kanten reichen je 2 cm Nahtzugabe. Steppen Sie die oberen Taschenkanten um, kippen Sie die übrigen Kanten um und steppen Sie die Taschen auf die Hosenteile. Schließen Sie die inneren Beinnähte und die Schrittnaht bis zum Reißverschluß-Querzeichen. Schlagen Sie die 4 cm breite Nahtzugabe der oberen Hosenkante um und steppen Sie sie 3,5 cm von der Kante entfernt fest. Ziehen Sie das Gummiband (vorher abmessen) ein und steppen Sie die Gummibandenden am Querzeichen fest. Setzen Sie den Reißverschluß verdeckt bis zur oberen Hosenkante ein. Die Nahtzugaben am Untertritt werden zur Seite gebügelt und von rechts 3,5 cm breit (parallel zum Gummizug) festgesteppt. Hosenbeine säumen.

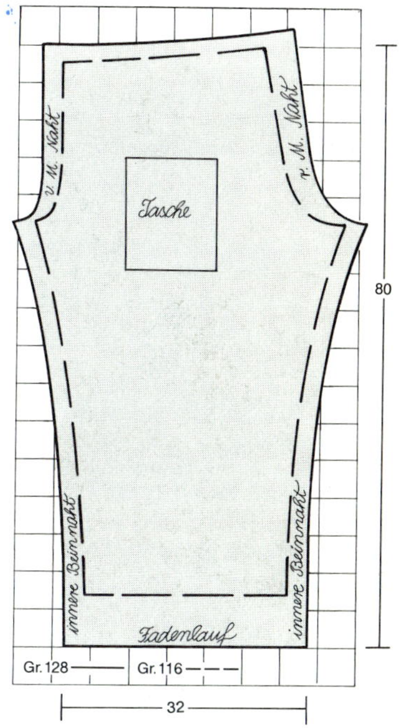

Wendejacke und Weste in Gr. 104 und 116

Westen sind ideal für Kinder, weil sie die Arme freilassen, nicht einengen und schnell an- und ausgezogen werden können.
Hier ein einfacher Schnitt, nach dem Sie Westen in allen Variationen nähen können. Sie sehen den Schnitt einmal als geblümte Steppweste, die nicht zusammengenäht, sondern nur gebunden wird (darum paßt sie besonders lange), und einmal als dicke Strick- oder Häkelweste, die Sie ohne Anleitung einfach nach den Maßen unseres Schnittschemas anfertigen können. Gut geeignet dafür ist auch molliger Puschelstoff (siehe Arbeitsanleitung).
Die Jacke mit den gerade eingesetzten Ärmeln ist hier als Stepp-Wendejacke genäht.
Das sieht sehr schön aus, macht aber auch viel Arbeit. Schneller geht es mit fertigen, Strick-, Stepp- oder Wollstoffen. Statt der Schlingenknöpfe eignen sich auch Reißverschlüsse oder Schließen als Verschluß. Schnitt und Arbeitsanleitung finden Sie auf Seite 44.

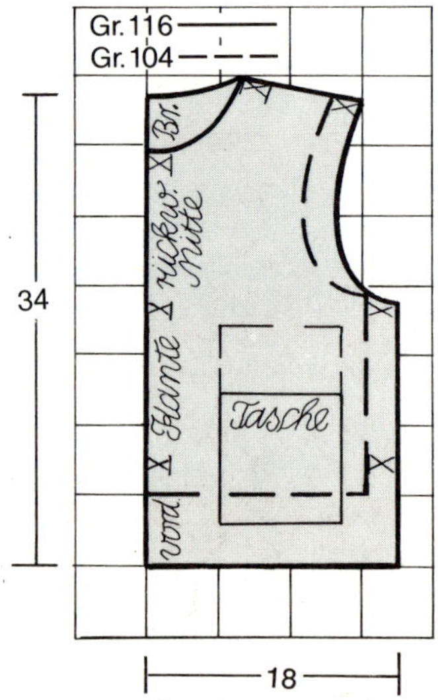

Vorder- und Rückenteil

Arbeitsanleitung Weste

Stoffverbrauch: 0,85 m Blümchenstoff, 90 cm breit; 0,40 m Molton, 130 cm breit, für das Futter; 0,40 m Watteline, 120 cm breit, als Einlage. (Für eine Weste aus Puschelstoff brauchen Sie 0,40 m, 90 cm breit.)

Zuschneiden und Nähen: Die Weste je einmal aus Blümchenstoff, Molton und Watteline mit ca. 3 cm breiter Nahtzugabe zuschneiden. Aus Blümchenstoff die Taschenteile doppelt und in der Eingriffkante im Bruch zuschneiden. Außerdem: 11 Streifen für die Bändchen, je 30 cm lang, 1,5 cm breit. Schrägstreifen zum Einfassen der Kanten, 3 cm breit. Blümchenstoff, Watteline und Molton aufeinanderlegen, zusammenstecken oder heften. In 2 cm breiten Abständen im Fadenlauf durchsteppen. Danach den Schnitt noch einmal auflegen und die Weste ohne Nahtzugabe zuschneiden. Die Bändchen auf 0,5 cm Breite verstürzen. 3 Bänder halbieren und jede Hälfte zeichengemäß an die vorderen Westenkanten heften. Dann alle Kanten mit den Schrägstreifen 1 cm breit einfassen, dabei die Bändchen mit festnähen. Taschenoberkanten in den Bruch bügeln, Nahtzugaben einkippen und knappkantig aufsteppen. Die übrigen Bänder an Schulterkante und Seiten steppen und Vorder- und Rückenteile damit zusammenbinden.

Für eine *Puschelweste* schneiden Sie alle Westenteile mit je 1 cm Nahtzugabe zu. Schulter- und Seitennähte schließen. Die Nahtzugaben abzackeln und mit Zickzackstich umsteppen. Die Westenkanten 1 cm breit umlegen und mit Zickzackstichen (oder mit der Hand) rundherum festnähen.

K
O

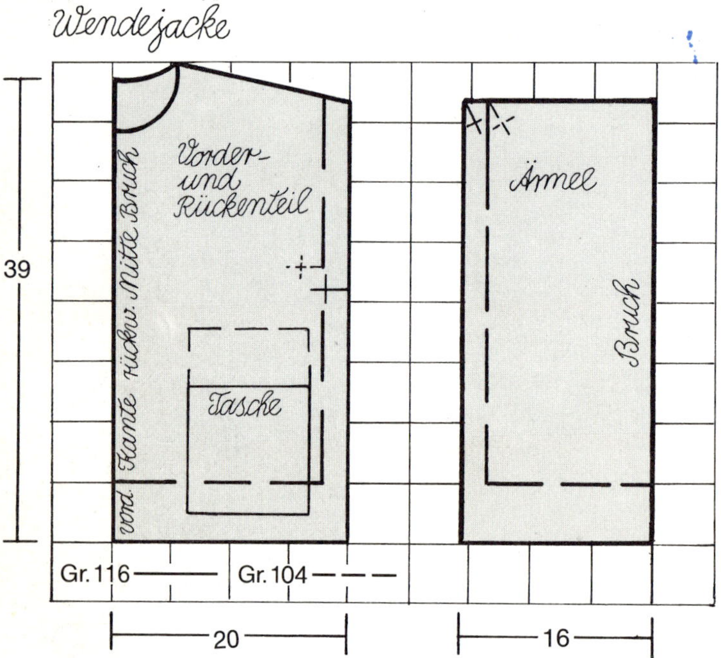

Arbeitsanleitung Wendejacke

Stoffverbrauch und Material: 1 m Blümchenstoff, 90 cm breit; 1,50 m Streifenstoff, 90 cm breit; 1 m Watteline, 120 cm breit; 3 Knöpfe.

Zuschneiden und Nähen: Die Jackenteile aus Blümchen- und Streifenstoff und Watteline mit 3 cm Nahtzugabe zuschneiden. Taschen und Schrägstreifen (3 cm breit) für die Schlaufen und zum Versäubern der Jackenkanten nur aus dem Streifenstoff zuschneiden. Jackenteile (wie bei der Weste beschrieben) steppen und zuschneiden. Schulter-, Seiten- und Ärmelnähte schließen. Ärmel einsetzen, Ärmelsäume mit Schrägstreifen 1 cm breit einfassen. Drei 10 cm lange Schrägstreifen auf 1 cm Breite verstürzen und als Schlaufen an die linke vordere Jackenkante stecken. Die Nahtzugaben an Schultern und Seiten mit 1 cm breiten Blenden aus den Schrägstreifen verdecken. Die Jacke rundherum 1 cm breit einfassen, die Schlaufen dabei mitfassen. Zum Schluß noch Knöpfe annähen und die ebenfalls gesteppten Taschen aufnähen.

Regensachen in Gr. 104 und 128

Bei Wind und Wetter draußen spielen: das können Kinder mit diesen Sachen! Sie sind zwar nicht absolut wasserdicht (durch die Nähte), halten aber das Gröbste ab. Nehmen Sie dafür beschichtete Stoffe, Nylongewebe oder Wachstuch.

Besonders praktisch ist eine Hose aus wasserabweisendem Stoff. Sie sollte mindestens eine Nummer größer sein, damit man sie über normale Hosen ziehen kann. Die hier abgebildeten Hosen können Sie nach unserem Hosenschnitt auf Seite 41/42 nähen. Den Latzschnitt finden Sie auf Seite 34/35. Wie man den Schnitt vergrößert, steht auf Seite 142/143. Schnitt und Anleitung für die Kapuzenjacke und die Regenhüte sind auf Seite 46/47.

T
K
D

Arbeitsanleitung Regenjacke in Größe 104 und 128

Stoffverbrauch und Material: 1,20 m beschichteter Stoff, 140 cm breit; ein 50 cm langer, teilbarer Reißverschluß; 1,60 m Kordel; 2,20 m Gummiband, 1 cm breit.

Zuschneiden und Nähen: Geben Sie an den Nähten je 1 cm zu. Für die Säume brauchen Sie je 3 cm Nahtzugabe. Die vordere Kante und der Ausschnitt der Kapuze bekommen 2 cm Nahtzugabe. (Sollte der Stoff sehr sperrig sein, müssen Sie die Kapuze mit einem 3 cm breiten Formstreifen versäubern.) Steppen Sie die Ärmel in die Vorder- und Rückenteile. Schließen Sie die Ärmelnähte und die Seitennähte in einem Rutsch. Steppen Sie alle Nähte von der rechten Stoffseite knappkantig ab. Schließen Sie die Kapuzennaht und setzen Sie die Kapuze in das Halsloch der Jacke. Nahtzugaben in die Kapuze kippen und von rechts absteppen. Die vorderen Kapuzenmitten umkippen und absteppen. Die Nahtzugaben am Kapuzenausschnitt umschlagen und gut 1 cm von der Kante enfernt feststeppen. Die Ärmel säumen. In die Jackenlänge einen Tunnel steppen und die Kordel einziehen. Den Reißverschluß einsteppen. Kordel in den Kapuzenrand ziehen und verknoten.

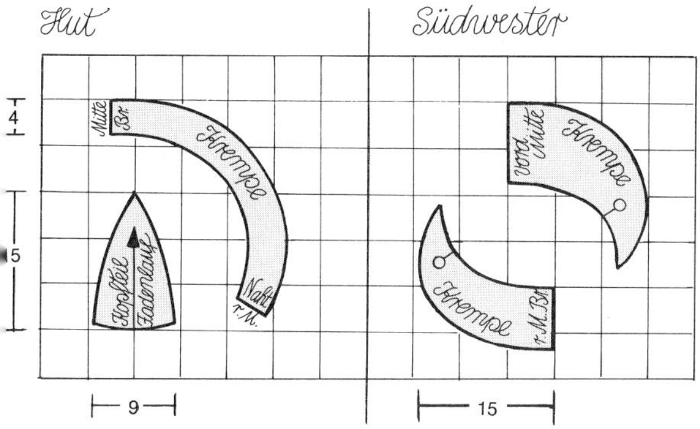

Diese lustigen Regen-Overalls können Sie nach dem Schnitt auf Seite 118 nähen

Arbeitsanleitung Hut und Südwester

Stoffverbrauch: 0,30 m beschichteter Stoff, 140 cm breit.

Zuschneiden und Nähen: Schneiden Sie das Kopfteil 6mal und die Krempen 2mal mit 1 cm Nahtzugabe zu (Kopfweite = 53 cm). Die Krempen müssen Sie am Kopf ausprobieren. Geben Sie dafür reichlich Nahtzugabe zu. Die Bindebänder sind 30 cm lang und 3 cm breit (inklusive Nahtzugaben). Steppen Sie die Hutteile zusammen. Verstürzen Sie die Krempen am Außenrand, dann wenden und absteppen. Bindebänder auf 1 cm Breite verstürzen und beim Zusammensteppen von Kopfteil und Krempen mitfassen (Weite vorher anprobieren). Nahtzugaben in die Krempe kippen (vorher einknipsen) und den Krempeninnenrand mit der Hand an die Ansatznaht säumen.

Lustige Ideen zum Nähen

Hier beginnt eine bunte Mischung mit lauter lustigen, originellen Ideen. Sie finden darin eine Menge Tips und Ratschläge, die Sie immer wieder anwenden können. Außerdem viele Anregungen, die Sie selber weiterdenken und ausprobieren können. Sie werden staunen, was man zum Beispiel aus alten oder geerbten Sachen machen kann. Wie man niedliche Geschenke für wenig Geld anfertigt oder ein einfaches Kleid mit einem Stickbild verschönt. Was man mit simplem Wäscheband anfangen kann und wie man aus Muttis Jeans eine Weste näht. Wie man kaputte Sachen geschickt repariert oder zu kurze Hosen sinnvoll verlängert. Dazu kommen noch Färbetips, Applikationen und besonders raffinierte Schnittmodelle, die ganz einfach zu nähen sind. Für viele Sachen brauchen Sie keine große Näherfahrung, so daß sich auch Anfänger daran wagen können.

Aus dem T-Shirt wird ein Nachthemd

Aus einem einfachen T-Shirt für Erwachsene wird im Handumdrehen das süße Kindernachthemd vom Foto rechts. Sie brauchen dafür knapp zwei Stunden Zeit und außer dem T-Shirt noch etwas Stickgarn zum Besticken und Umhäkeln. Die kleinen Gänse (oder andere Stickmotive) gibt es fertig zu kaufen.

✂ Und so wird's gemacht:

Material: 1 T-Shirt; 5 g rotes Perlgarn, Stärke 8; 1 Häkelnadel; 6 fertige Stick-Motive; je einen Rest grünen und gelben Sticktwist.

Anleitung: Umranden Sie den Halsausschnitt und die Ärmelkanten des T-Shirt mit dichtem Schlingstich. Dann werden die Kanten umhäkelt: ✳ 1 fe. Masche in einen Schlingstich, 4 zurückgehend in die 1. der 4 Lftm.; 1 fe. M., 2 Schlingstiche übergehen, ab ✳ forlaufend wiederholen. Um das T-Shirt am Hals einzuhalten, wird eine ca. 1 m lange Luftmaschenkette gehäkelt und durch die Häkelkante gezogen. Die 4 Gänse vorn und je eine auf die Ärmel nähen. Das Gras mit grünem Sticktwist im Stielstich aufsticken. Die kleine Blume in Grün und Gelb im Margeritenstich extra aufsticken.

Aus dem T-Shirt wird ein Baby-Strampelsack.

Sie brauchen nichts weiter als ein altes oder neues T-Shirt für Erwachsene, schmales Gummiband, etwas Kordel und einen Rest Stickgarn, damit Max und andere Babys nach Herzenslust in so einem niedlichen Schlafsack strampeln können.

Das T-Shirt wird – wie es die Zeichnung zeigt – abgenäht. In die Ausschnittblende und die Ärmelsäume ziehen Sie das Gummiband. In den T-Shirt-Saum kommt die Kordel zum Binden.
Name, Herz und Kreuzstichmuster auf der alten Ärmelnaht sind mit Sticktwist schnell gemacht. Noch einfacher geht's mit fertig gekauften Motiven und Borten.

♥ Nähen Sie alle neuen Nähte mit einem ganz leichten Zickzackstich! Sie werden dann elastischer.

Aus dem T-Shirt wird ein Baby-Overall

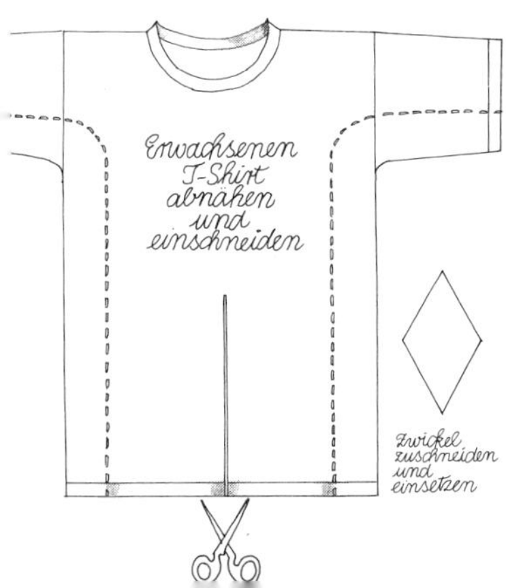

Ein altes oder neues T-Shirt für Erwachsene läßt sich mit ein paar Nähten und etwas Geschick in einen hübschen Baby-Overall verwandeln.
Schneiden Sie den Overall wie es die Zeichnung zeigt zu. Der rhombenförmige Zwickel (aus den abgeschnittenen Resten) ist wichtig fürs dicke Windelpaket. Der Zwickel wird in Schritthöhe an das eine Overallteil genäht, danach können Sie die Beinnähte schließen.
Halsblende, Ärmel und Hosenbeinsäume werden mit Gummiband oder Kordel eingehalten. Wenn das Halsloch zu klein ist, müssen Sie vorn oder hinten einen Reißverschluß einsetzen oder einen Schlitz einnähen. Praktisch sind T-Shirts mit Knopfleiste!

♥ Besonders lustig anzusehen: ein Overall aus einem mehrfarbigen Fußballhemd.

Trägerrock und -hose aus Geschirrhandtüchern

Für diese originellen Kindersachen brauchen Sie keinen Stoff zu kaufen: Sie werden aus karierten Geschirrhandtüchern genäht, sehen sehr lustig aus und sind besonders strapazierfähig.

Arbeitsanleitung Trägerrock in Größe 104 bis 116 (ohne Zeichnung)

3 bis 4 Geschirrhandtücher und 4 bis 6 Wäscheknöpfe. Das Rockteil ist 48 cm lang und so breit wie zwei Tücher. Es wird hinten und vorn mit einer Naht geschlossen. Die Passe ist 12 cm breit und 58 cm lang (genaue Weite ausmessen). Die Träger sind 40 bis 50 cm lang und 2 cm breit (ohne Nahtzugaben). Außerdem 2 Taschen, Maße wie bei der Hose. Die vordere Mittelnaht schließen, einen 8 cm langen Schlitz offenlassen. Rockkante auf 58 cm einkräuseln. Die Passe zur Hälfte in den Bruch legen, an den Schmalseiten verstürzen.
Die Passe an den Rock setzen und rundherum absteppen. Vier Knopflöcher in die rechte vordere Mitte arbeiten, Knöpfe annähen. Träger verstürzen, absteppen und vorne unter die obere Passenkante nähen. Hinten zwei Knopflöcher einarbeiten, die Träger durchknoten oder mit Wäscheknöpfen festknöpfen. Die Taschen aufsetzen. Rocklänge säumen. Für Größe 104 eventuell eine Falte einnähen.

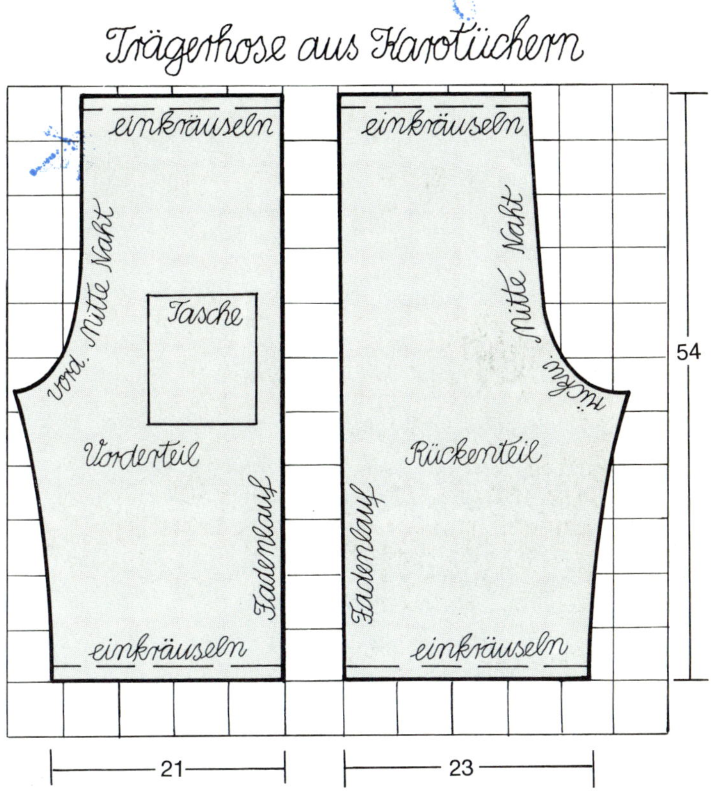

Arbeitsanleitung Hose in Größe 80 bis 92:

Material wie beim Rock, zusätzlich Gummiband für die Hosenbeine. Passe: 54 cm lang, 12 cm breit. Träger: 30 bis 40 cm lang, 2 cm breit (ohne Nahtzugaben). Sie können die Seitennaht auch weglassen! Hose zusammensteppen, den Schlitz und den Knopfverschluß in der Passe hinten einarbeiten. Weiter wie beim Rock. Zum Schluß Hosenbeine 1,5 cm breit säumen und Gummiband einziehen.

Rock und Hose wachsen jahrelang mit!

Von Größe 92 bis 116 passen diese Röcke und Hosen aus leichten Blümchenstoffen. Der Trick ist ein Kräuselbund, der bei den Kleinen unter der Achsel sitzt und bei den Großen in die Taille rutscht. Mit den Trägern, die vorn zur Schleife gebunden werden, kann man die Sachen so lange regulieren, bis die Taille erreicht ist: Dann werden die Träger einfach abgetrennt! Schnittschemen und Arbeitsanleitung auf Seite 56.

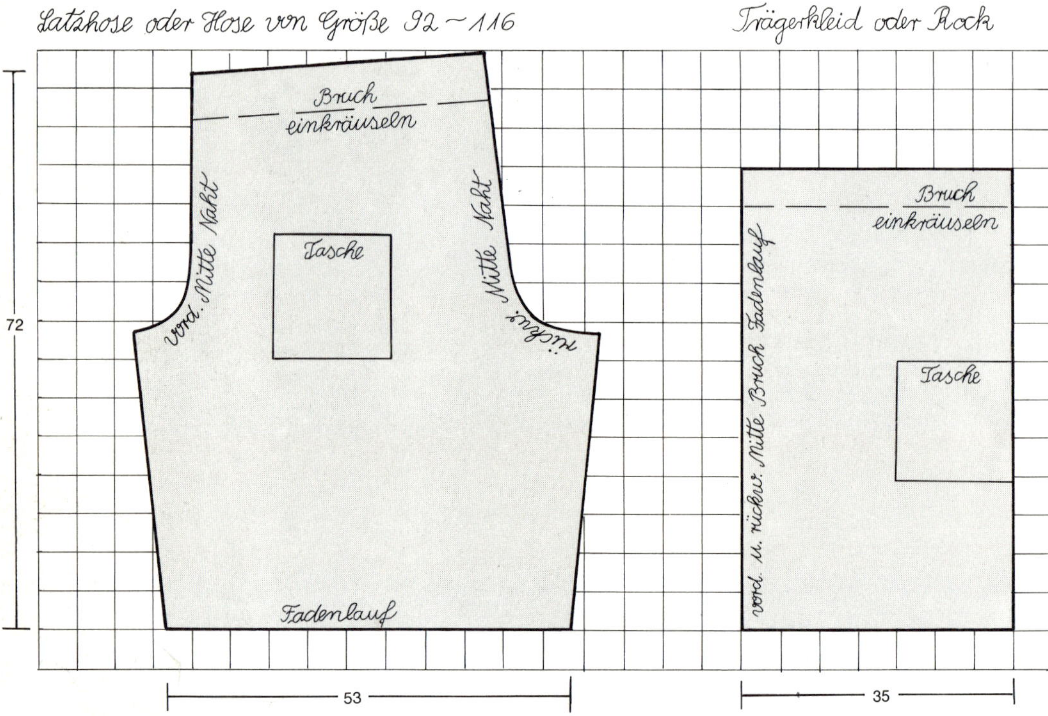

Arbeitsanleitung Hose in Größe 92 bis 116

Stoffverbrauch und Material: 1,60 m Blümchenstoff, 90 cm breit; elastischer Nähfaden; Gummiband, 1 cm breit.

Zuschneiden und Nähen: Das Hosenteil, die Taschen und die Träger (Maße siehe Rock) 2mal zuschneiden. Beinnähte und Schrittnaht schließen. Weiter wie beim Rock. Hosenbeine 1,5 cm breit säumen, Gummiband einziehen.

Arbeitsanleitung Rock in Größe 92 bis 116

Stoffverbrauch und Material: 1,20 m Blümchenstoff, 90 cm breit; elastischer Nähfaden.

Zuschneiden und Nähen: 2 Rockbahnen, 2 Taschen und 2 Träger, 60 cm lang und 3 cm breit (inklusive Nahtzugaben) zuschneiden. Seitennähte des Rockes schließen. Die obere Kante 5 cm breit umkippen und 1,5 cm von der Kante entfernt mit dem Einkräuseln beginnen. In 8 mm breiten Abständen viermal durchsteppen. Die elastischen Nähfäden eventuell etwas stramm ziehen, zusammenknoten und befestigen. Tascheneingriffe umsteppen, Taschen aufsetzen. In die vordere Kante im Abstand von 8 cm je 1 Knopfloch sticken. Träger auf 1 cm Breite verstürzen und hinten (Abstand 8 cm) annähen. Träger durch die Knopflöcher ziehen und zur Schleife binden. Den Rock säumen. Eventuell eine Falte parallel zur Saumkante absteppen.

Stickbilder für Kleid und Sommerhut

Fröhliche Mädchen mit Häubchen und flatternden Bändern tanzen und springen über den Saum dieses Kleides. Vorn auf der Passe hüpft das Mädchen munter über Kohlköpfe.
Mit so einer niedlichen Stickerei können Sie einfache Kleider besonders schön machen. Selbstgenähte und gekaufte! Gestickt wird im Stielstich, die Stickanleitung und die Motive in Originalgröße finden Sie auf den nächsten Seiten. Die Gänse auf dem Hut sind ebenfalls dabei.

♥ Das Kleid können Sie übrigens nach dem Schnitt auf Seite 28/29 nähen. Wenn Sie die Träger wie hier anknöpfen wollen, müssen Sie sie vorher beim Schnitt abtrennen und verlängern. Einen Hutschnitt finden Sie auf Seite 46/47.

Mädche

Stickanleitung

Die Stickmotive sind hier in Originalgröße abgebildet. Um ein Kleid zu besticken, brauchen Sie ca. 4 Docken Sticktwist. Die Motive übertragen Sie mit Hilfe von Transparentpapier, Schreibmaschinenkopierpapier und Fixativ in der gewünschten Anordnung auf den Rock.

Zeichnen Sie zuerst die Motive auf Transparentpapier durch. Zwischen Transparentpapier und Stoff kommt das Kopierpapier. Die Linien werden mit Kugelschreiber nachgezeichnet und mit Fixativspray fixiert. Alles mit geteiltem Faden im Stielstich (2fädig) sticken.

Stickvorlagen in Originalgröße Mädche

für die Passe

ür das Kleid

Gänse für den Hut

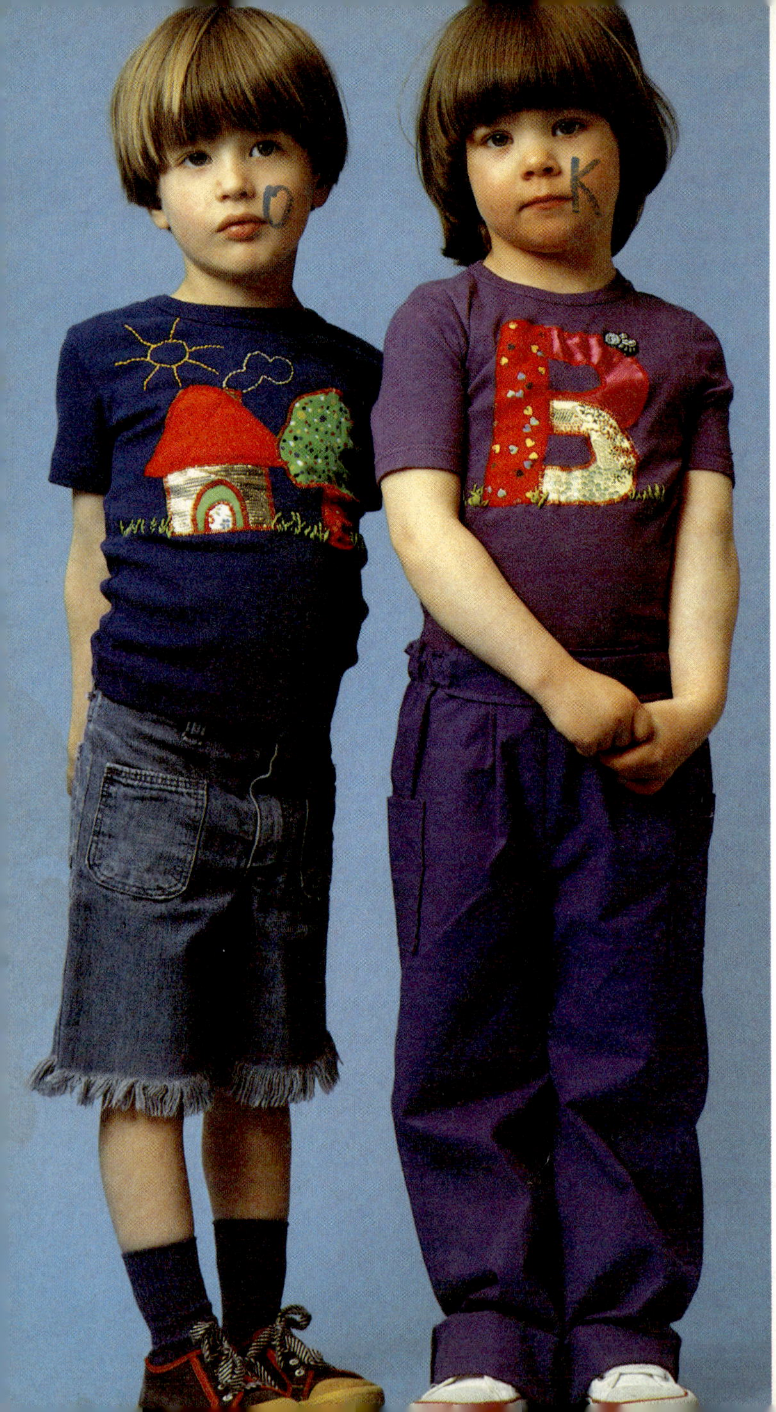

Jeans und T-Shirts, bunt bebildert

Alte Jeans und einfache T-Shirts sehen noch mal so schön aus, wenn man sie mit bunten Stoffresten benäht (bei den Jeans lassen sich damit schadhafte Stellen gut verdecken!).

Sie können die Stoffbilder mit der Hand und mit der Maschine applizieren. Das geht ganz einfach: Bei den Jeans werden erst die Risse im Hosenboden geflickt, die ausgeschnittenen Häuser aufgeheftet und mit großem, engem Zickzackstich festgenäht. Dann werden alle Kanten im Schlingstich dekorativ umstickt. Bei den T-Shirts heften Sie die nur grob ausgeschnittenen Bilder auf die rechte Seite und steppen von links mit Hilfe einer Papierschablone die Musterkonturen mit einem ganz engen Zickzackstich nach. Dann das T-Shirt umdrehen und mit einer Nagelschere die überstehenden Stoffransen direkt am Zickzackstich abschneiden. Gras, Sonne usw. im Stielstich dazusticken.

Lee

Zu kurz?
Kein Problem!

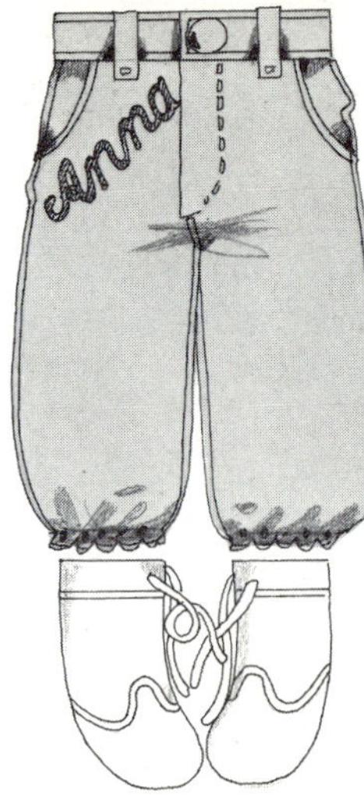

Mit einem Gummizug im Saum sieht die Hose schick zu Stiefeln aus!

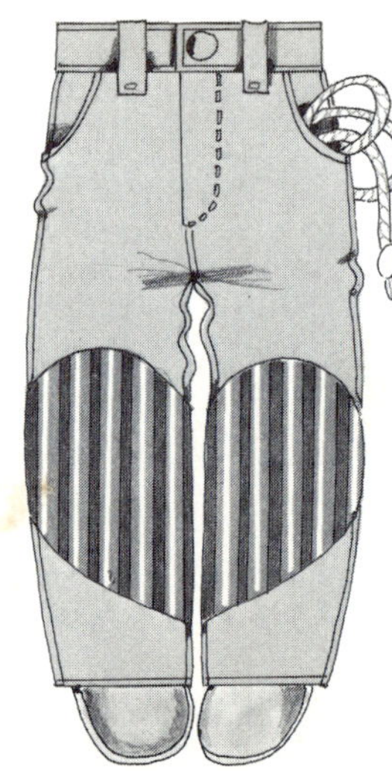

Ein riesiges Herz, neu eingesetzt, verlängert die Hose und erneuert die Knie!

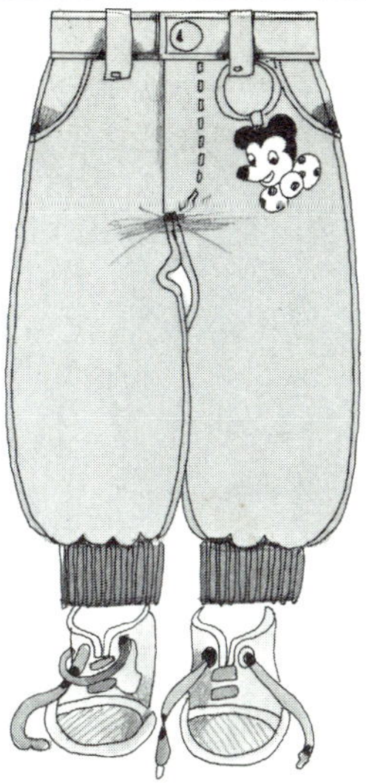

Setzen Sie Strickbündchen oder Anorakgummi an: So wird die Hose wieder lang!

Niedlich für Mädchen: eine üppig angekrauste, wippende Rüsche an den Hosenbeinen.

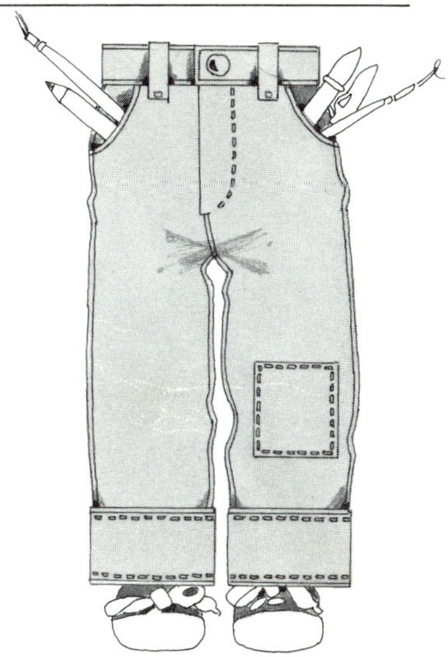

Reste von alten Jeans oder anderem Stoff als Saumblende, Kniebesatz oder Tasche.

Kürzen Sie die Hose noch mehr: eben kniebedeckt. Dazu Nieten im Westernstil.

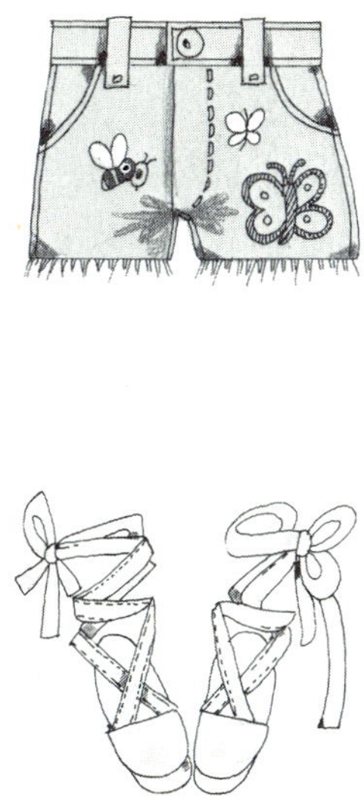

Radikal gekürzt, ausgefranst, bunt bestickt oder benäht: alte Jeans als freche Shorts.

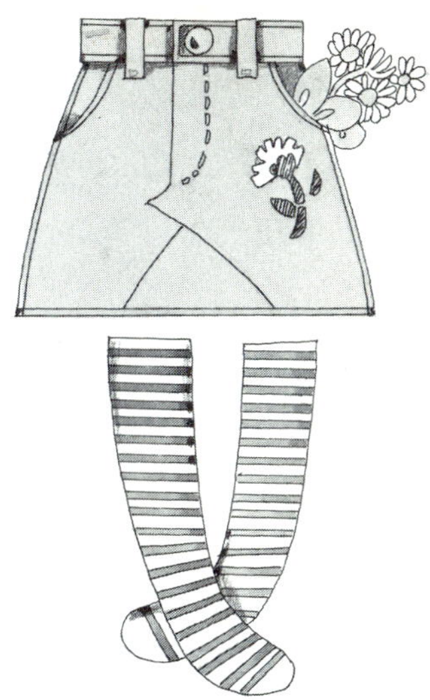

So entsteht ein Rock: Beine auftrennen, Dreieck einsetzen und Nähte drübersteppen.

O
K

Von Kopf bis Fuß neu eingefärbt

Alle Sachen auf diesem Foto sind violett oder bordeauxrot eingefärbt – auch die Turnschuhe!
Alte Sachen wirken wie neu, ausgeblichene bekommen wieder Farbe und plötzlich passen Teile zusammen, die vorher farblich stark voneinander abwichen. Und das alles nur durchs Färben!

Färben ist (heute) kinderleicht und macht Spaß, wenn Sie diese Tips beachten:

♥ Es gibt jetzt waschmaschinenfeste Farben, die man wie Waschpulver in die Maschine füllt. Dadurch werden die Farben besonders gut verteilt und regelrecht in die Fasern eingewaschen. Der Waschmaschine schadet das Farbbad nicht (manchmal werden die Gummiteile etwas angetönt). Sicherheitshalber sollten Sie danach nicht gleich Ihre weiße Wäsche waschen!

♥ Sie können mit diesen neuen Färbemitteln alle Rohstoffe (nicht nur Baumwolle) färben; die Sachen müssen nicht unbedingt weiß sein. Beachten Sie jedoch, daß Sachen mit unterschiedlichen Voraussetzungen auch anders auf die Farbe reagieren. Das eine Teil wird dunkler, das andere vielleicht heller usw. Sicher ist allerdings, daß alle die gleiche Nuance erhalten und dadurch – wie auf dem Foto – im Grundton zusammenpassen!

♥ Um dunkle, intensive Töne zu erhalten, müssen Sie mehrmals färben.

♥ Es wird zwar behauptet, daß die eingefärbten Teile später beim Waschen nicht mehr abfärben. Trotzdem sollten Sie davon ausgehen, daß sie es doch tun und von vornherein nur solche Teile zusammen waschen, denen das nichts ausmacht (z. B. Jeans).

♥ Das Farbangebot ist groß: Sie können sich jedoch auch Farben leicht selber mischen.

♥ Wenn Sie neue Sachen färben wollen, müssen Sie sie erst einmal waschen. Fast alle Kleidungsstücke sind leicht imprägniert oder appretiert, so daß die Farbe nicht gleichmäßig angenommen wird.

♥ Besonders klar werden die neuen Farben, wenn man dem letzten Spülwasser etwas Essig zusetzt.

♥ Besonders lange halten die neuen Farben, wenn man die Kleidungsstücke gleich nach dem Trocknen heiß bügelt.

♥ Beachten Sie auf jeden Fall die Gebrauchsanweisung, die der Färbepackung beiliegt.

15 neue Wäscheband-Ideen

Ganz persönliche Geschenke sind alle Sachen, die Sie hier sehen: Auf jedes Teil wurde ein Stück Wäscheband gesteppt, mal auf den Handschuh, mal auf den Schlafsack, mal auf den Gürtel.

Auch einfache, weiße Kinderunterwäsche bekommt durch Wäscheband Pfiff. Junge Mütter werden begeistert sein, wenn sie Babysachen mit dem aufgesteppten Namen des Neugeborenen als Geschenk erhalten.

Wäscheband wurde früher nur zum Kennzeichnen von Handtüchern usw. benutzt. Man kann es in Kurzwarenläden und den Spezialabteilungen der Kaufhäuser vom Meter bestellen (Mindestabnahme ca. 70 Stück). Die Schrift ist meistens rot oder blau, manchmal auch schwarz. Außerdem gibt es verschiedene Schriftzüge. Das Band ist weiß oder naturfarben und kann problemlos gewaschen werden.

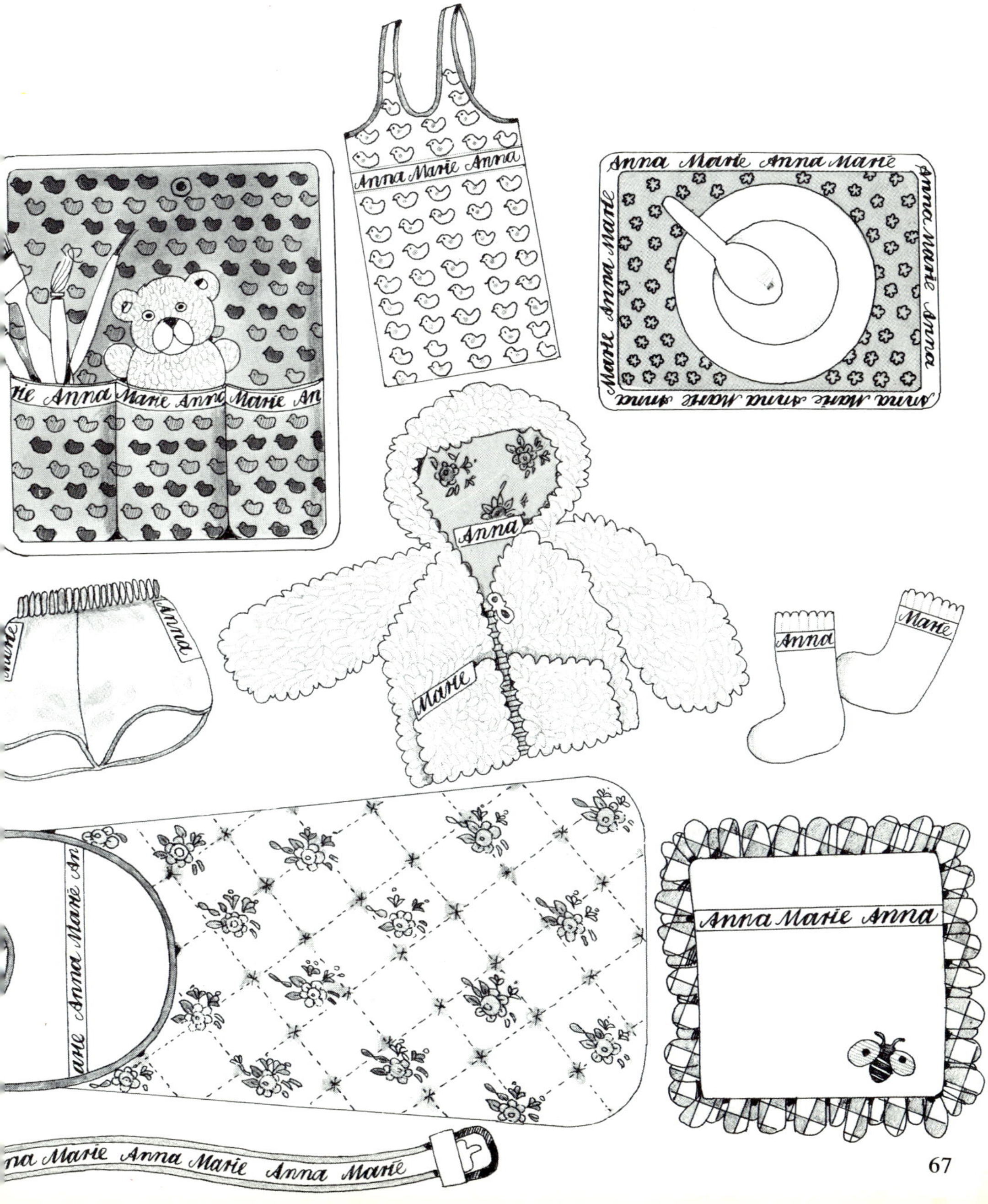
Anna Marie Anna
Anna Marie Anna Marie
Anna
Marie
Anna
Marie
Anna Marie Anna

Rucksack, schnell genäht

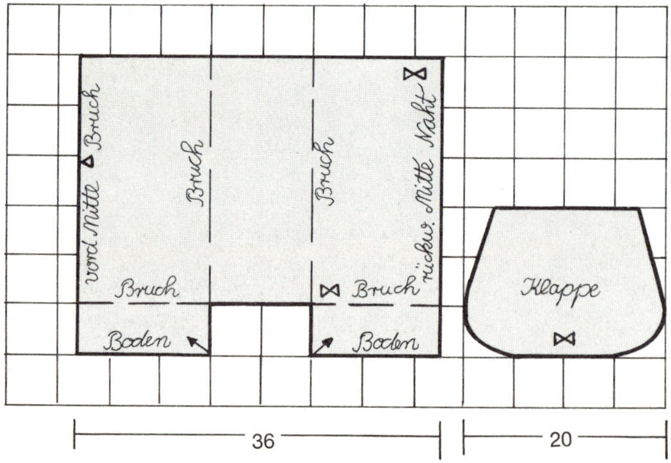

Für Spielzeug, Proviant oder die Lieblingspuppe: So ein kleiner Rucksack ist ideal im Urlaub, bei Autofahrten, Besuchen oder Ausflügen.
Der Rucksack wird aus doppeltem Stoff genäht und ist darum besonders haltbar. Die Klappe wird farbig gepaspelt. Träger und Riegel sind mit jeweils zwei Ringen festgemacht und einfach zu verstellen.

♥ Der Rucksack ist im Handumdrehen fertig und ein hübsches Geschenk!

Arbeitsanleitung

Stoffverbrauch und Material: 0,80 m Baumwollköper, 90 cm breit; 8 Ösen zum Einstanzen; Schrägband zum Paspeln; 6 Ringe; 1,30 m Kordel.

Zuschneiden und nähen: Schneiden Sie das große Rucksackteil und die Klappe zweimal mit Nahtzugaben aus dem Stoff zu. Außerdem brauchen Sie noch 2 Träger mit 32 cm Länge, 2 Träger, 26 cm lang, 1 Riegel von 16 cm Länge und 1 Riegel, 20 cm lang. Alle 6 cm breit (inklusive Nahtzugaben). Nähen Sie die beiden Rucksackteile einzeln fertig. Schließen Sie zuerst die rückwärtigen Nähte, dann die großen Bodennähte und bügeln Sie die Nahtzugaben auseinander. Nähen Sie dann die Ecken für den Boden ab, drehen Sie die Rucksäcke nach rechts und stecken Sie sie links auf links ineinander. Kippen Sie die oberen Kanten 1 cm breit gegeneinander und steppen Sie sie schmalkantig und 1 cm breit daneben ab. Verstürzen Sie die Träger und Riegel auf 2 cm Breite. Steppen Sie die längeren Träger oben auf den Rucksack und nähen Sie die Ringe daran. Die kürzeren Träger werden unten auf den Rucksack genäht und mit den Ringen in der Länge reguliert. Legen Sie die Klappteile links auf links aufeinander und paspeln Sie die Kanten 1 cm breit ein. Steppen Sie den kürzeren Riegel als Schlaufe mit den zwei restlichen Ringen auf die Rückseite der Klappe. Der andere Riegel wird zeichengemäß auf den Rucksack gesetzt. Steppen Sie die Klappe an den Rucksack, schlagen Sie die Ösen ein und ziehen Sie die Kordel durch.

Aus Mutters Jeans wird...

So wird die Weste mit Ärmeln zugeschnitten

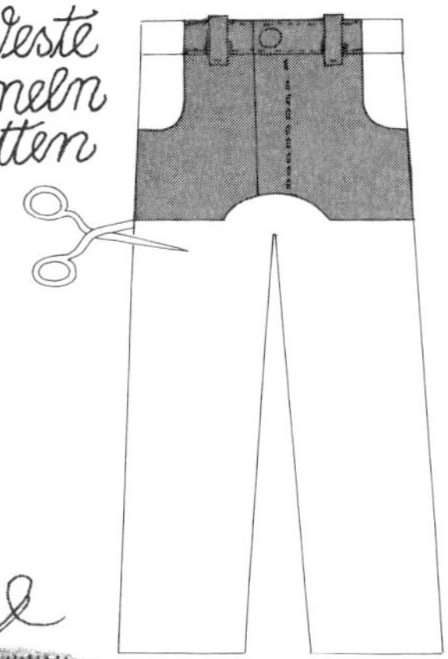

...eine Kinderhose:

Die Zeichnung zeigt Ihnen, wie man die neue Hose aus der alten herausschneidet. Besonders praktisch: Knopf und Reißverschluß können bleiben! Wer will, kann in die Hose noch einen Taillengummizug nähen. Die Taschen müssen Sie vorm Zuschneiden abtrennen und neu aufnähen. Die Träger fallen bestimmt noch bei den abgeschnittenen Hosenbeinen ab.

...eine Weste:

Bei diesem Vorschlag nutzen Sie das Bündchen weiter als Verschluß. Den Reißverschluß müssen Sie allerdings neu einnähen. Niedlich sehen stattdessen auch Druckknöpfe aus. Die Ärmel werden gleich angeschnitten und umgekrempelt. Der Halsausschnitt wird mit einem Formstreifen versäubert. Vielleicht reichen die Hosenreste noch für ein Hütchen (Schnitt auf Seite 46/47).

Das Hosenbündchen bleibt bei der Weste erhalten

Schnell gestrickt

15 praktische Modelle vom Baby-Overall bis zur Strickjacke für Sechsjährige. Alle sind leicht zu stricken und so variabel, daß Sie mit wenigen Veränderungen viele verschiedene Teile nach einem Schnitt arbeiten können.
Übrigens sind die Schnitte nicht wie bisher auf Rasterpapier gezeichnet, sondern alle wichtigen Maße in Zentimetern direkt am Schnitt angegeben. Geübte Strickerinnen brauchen sich dann den Schnitt nicht in Originalgröße aufzuzeichnen, sondern richten sich einfach nach den Maßen!
Bevor Sie jetzt mit dem Stricken beginnen, noch einen wichtigen Hinweis:
Es ist unbedingt zu empfehlen, eine Maschenprobe zu machen. Jeder strickt anders, so daß die Probe mal fester, mal lockerer ausfällt! Ist Ihre Maschenprobe zu klein (fest), nehmen Sie eine Nadelstärke größer. Ist sie zu groß (locker), eine Nummer kleiner. Beachten Sie bitte auch die Hinweise und Erklärungen auf Seite 142/143.

Fürs Baby

Einen Overall, eine Hose und eine Weste können Sie fürs Baby stricken. Der Overall ist extra weit geschnitten, damit bei Kälte noch ein Pulli und eine Strumpfhose drunterpassen. Die Hose hat einen gerippten Bund mit angestrickten Trägern. Die lustig gestreifte Weste (schön aus Resten!) wird einfach kraus rechts gestrickt.

Alle Teile (in Größe 68) sind so bemessen, daß sie vom 3. bis zum 9. Monat passen. Schnitt und Strickanleitung auf den nächsten Seiten.

die M. abketten. Den zweiten Ärmel genauso arbeiten.
Ausarbeitung: Alle Teile schnittgemäß spannen und leicht von links dämpfen (Rippenmuster nicht dämpfen!). Die Vorderteilhälften an die vord. Passenhälften nähen, die Seiten-, Bein- und Ärmelnähte schließen, die Ärmel ✳ an ✳ einsetzen. Für die Verschlußblenden an den Kanten jeweils ca. 66 M. mit blauer Wolle herausstricken und 2 cm im Rippenmuster (1 M. re., 1 M. li. im Wechsel) arbeiten, die M. abketten; dabei in die linke Blende 5 Knopflöcher in gleichmäßigen Abständen wie folgt einarbeiten: in 1 cm Höhe an den entspr. Stellen jeweils 2 M. zus.stricken und 1 Umschl. aufnehmen, den Umschl. in der folg. R. entspr. dem Muster abstricken. Für die Blende am Halsausschnitt 88 M. mit blauer Wolle herausstricken und 2 cm im Rippenmuster arbeiten, die M. abketten. Die Knöpfe annähen und die Verschlußblenden befestigen.

Hose in Größe 68

Strickanleitung Hose

Material: Insges. 100 g mittelstarke Wolle, d. h. je 50 g in Zyklam und 50 g in Grün, 1 kurze Rundstricknadel Nr. 3,5, 1 Hilfsnadel.
Grundmuster: Glatt re. (Hinr. re., Rückr. li.)
Farbfolge: je 18 R. Zyklam und Grün im Wechsel.
Maschenprobe: 25 M. in der Breite und 33 R. in der Höhe ergeben 10 cm im Quadrat.
Rückenteil: Es wird an einem Bein unten begonnen. 24 M. mit grüner Wolle anschlagen und in Hin- und Rückr. für das Bündchen 3 cm im Rippenmuster (2 M. re., 2 M. li. im Wechsel) stricken. Dann im Grundmuster in der angegeb. Farbfolge weiterstricken, dabei für die Weite in der 1. R. des Grundmusters 12 M. zunehmen, d. h. nach der 1. und jeder weiteren 2. M. aus dem Querfaden der Vorr. 1 M. re. verschr. herausstricken (es müssen 36 M. auf der Nadel sein). In 21 cm Gesamthöhe für den Zwickel 1 M. zunehmen und in der zweitfolg. R. noch 3 M. dazu anschlagen, dann das Teil auf der Hilfsnadel stillegen. Das zweite Bein gegengleich genauso weit stricken. Nun die beiden Teile so auf die Nadel nehmen, daß sie am Zwickel zusammenstoßen und in durchgehenden R. weiter gerade hochstricken. In 37 cm Gesamthöhe, also mit Ende des 6. Streifens, die Arbeit auf der Hilfsnadel stillegen.
Das **Vorderteil** genauso arbeiten, dann beide Teile auf die Nadel nehmen und für die Passe mit grüner Wolle in Runden im Rippenmuster weiterstricken. Dabei für die geringere Weite in der 1. Rd. jede 4. und 5. M. zusammenstricken (es sind noch 128 M. auf der Nadel). In 42 cm Gesamthöhe die rückw. 64 M. abketten, mit den übrigen 64 M. in Hin- und Rückr. den vord. Latz arbeiten. Dafür beidseitig je 2 M. und weiter in jeder 2. R. noch 2mal 1 M. abketten. Bis 46 cm Gesamthöhe gerade weiterstricken, dann die mittl. 36 M. abketten und die beiden Träger getrennt über den jeweils 10 äußeren M. weiterarbeiten. In 32 cm Trägerlänge die M. abketten.
Ausarbeitung: Die Hose schnittgemäß spannen und leicht von links dämpfen (Rippenmuster nicht dämpfen!). Die Bein- und Seitennähte schließen. Die Träger verkreuzt an der rückw. Passe festnähen.

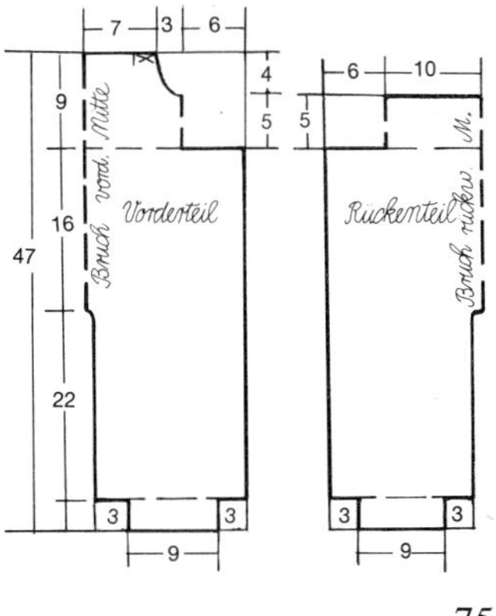

Weste in Größe 68

Strickanleitung Weste

Material: je 50 g mittelstarke Wolle in den Farben Rosa, Lila, Zyklam, Rot, Hellgrün, Blau und Grün oder bunte Wollreste. Stricknadeln Nr. 3,5, 1 Hilfsnadel, 1 Knopf, 1 Häkelnadel Nr. 3.
Grundmuster: Kraus re. (Hinr. re., Rückr. re.)
Farbfolge: Rosa, lila, zyklam, rot, hellgrün, blau und grün, jeweils 4 R. in einer Farbe, dabei den Wechsel stets in einer Hinr. vornehmen.
Maschenprobe: 20 M. in der Breite und 40 R. in der Höhe ergeben 10 cm im Quadrat.
Die Weste wird in einem Stück quer gestrickt und am Ärmel begonnen. 40 M. in einer beliebigen Farbe anschlagen und im Grundmuster in der angegeb. Farbfolge arbeiten. In 3 cm Höhe mit den Zunahmen für Vorder- und Rückenteil beginnen, d. h. beidseitig je 1 M. und in der zweitfolg. R. je 2 M. zunehmen. Nach einer weiteren R. beidseitig noch je 21 M. in der entspr. Farbe dazu anschlagen, gerade weiterstricken. In 10,5 cm Gesamthöhe die Arbeit für den Halsausschnitt in der Mitte teilen und zunächst am Rücken weiterarbeiten (die übrigen M. stillegen). Dabei für den rückw. Halsausschnitt 1 M. und in der zweitfolg. R. 1 weitere M. abketten, gerade weiterstricken. In 16 cm Gesamthöhe ist die rückw. Mitte erreicht, diese M. stillegen und zunächst am Vorderteil weiterarbeiten. Dabei für den vord. Halsausschnitt 4 M. und weiter in jeder 2. R. noch 2mal 2 M. und 3mal 1 M. abketten, gerade weiterstricken. In 16 cm Gesamthöhe ist die vord. Mitte erreicht, hier die übrigen 33 M. abketten. Die Weste gegengleich beenden, dabei werden alle Zunahmen zu Abnahmen, alle Abnahmen zu Zunahmen, für die zweite Vorderteilhälfte die M. neu anschlagen.
Ausarbeitung: Die Seiten- und Ärmelnähte schließen. Für die Blende am Halsausschnitt ca. 64. M. in rosa Wolle herausstricken und 1,5 cm im Grundmuster stricken, die M. abketten. Den Knopf annähen und eine Öse anhäkeln. Die untere Kante der Weste mit Krebsstich (fe. M. von links nach rechts arbeiten) umhäkeln.

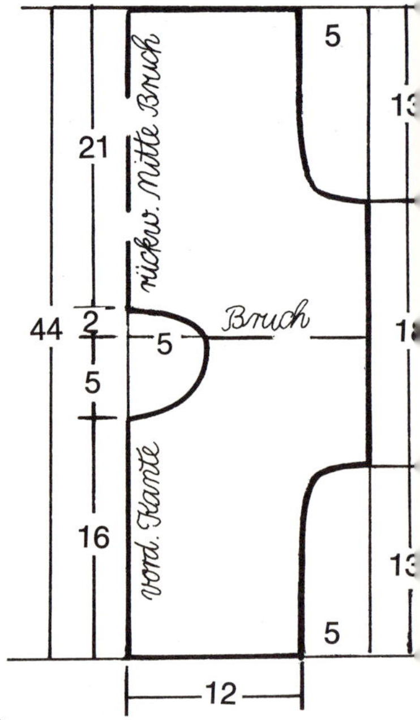

Für Zweijährige

Pulli in Größe 98

Hier finden Sie gleich die Arbeitsanleitung für einen mollig-warmen Strickpulli, dessen Foto auf Seite 78 ist.

Strickanleitung

Material: 300 g auberginefarbige und je 100 g hellgrüne, petrolfarbige und blaugraue dicke Shetland-Wolle oder Reste gleichstarker Wolle in ähnlichen Farben, 1 Rundstricknadel Nr. 6, 3 farblich passende Knöpfe, 20 mm ∅, 1 Rest rostrote Wolle zum Besticken.

Grundmuster: Schachbrettmuster, Maschenzahl teilbar durch 4. Gesticktes Motiv s. Schemazeichnung. **1. R./Rd.:** 2 M. re., 2 M. li. im Wechsel. **2. und 3. R./Rd.:** die M. str. wie sie erscheinen, re. M. re., li. M. li. **4. R./Rd.:** wie die 1. R./Rd., nur das Muster um 2 M. versetzen, also über die li. M. der Vorr./Vorrd. re. M., über die re. M. li. M. stricken. **5. und 6. R./Rd.:** wie die 2. und 3. R./Rd. Die 1.–6. R./Rd. fortlaufend wiederholen.

Maschenprobe: 12 M. in der Breite und 19 R. in der Höhe ergeben 10 cm im Quadrat.

Rücken- und Vorderteil werden bis zu dem vord. bestickten Streifen in einem Stück in Runden gestrickt. Dafür 76 M. in Hellgrün anschlagen, zur Rd. schließen und für das Bündchen 7 cm im Rippenmuster (2 M. li., 2 M. re. im Wechsel) stricken. Dann mit auberginefb. Wolle im Grundmuster weiterarbeiten. In 20 cm Gesamth. die Arbeit für Rücken- und Vorderteil teilen: d. h. 38 M. für das Vorderteil auf einer Hilfsnadel stillegen, mit den übrigen 38 M. in Hin- und Rückr. den Rücken weiter gerade hochstrikken. In 40 cm Gesamth. für die linke Schulter 12 M. abketten, die übrigen M. stillegen. Nun das Vorderteil wieder in Arbeit nehmen und für den breiten Querstreifen mit blaugrauer Wolle 5 cm glatt re. (Hinr. re., Rückr. li) stricken. Dann in Aubergine im Grundmuster weiterarbeiten. In 37 cm Gesamth. für den vord. Halsausschnitt die mittl. 8 M. abketten und zunächst die rechte Schulter beenden, dabei in jeder 2. R. noch 1mal 2 M. und 1mal 1 M. abketten. In 40 cm Gesamth. die übrigen 12 M. stillegen. Die linke Schulter gegengleich genauso stricken, dann für die Knopflochleiste weitere 3 cm in Petrol im Rippenmuster arbeiten. Dabei in 1,5 cm Höhe 2 Knopflöcher einstricken; d. h. jeweils 1 Umschl. aufnehmen, 2 M. zus.str., dann wie gewohnt weiterarbeiten. In 43 cm Gesamth. die M. abketten.

Die Ärmel werden angestrickt. Zunächst die rechte Schulter 12 M. breit im Maschenstich schließen. Die Knopflochleiste an der linken Schulter 3 cm breit über das Rückenteil legen und an der äußeren Kante mit diesem verbinden. Nun aus einer Armlochkante 32 M. in Aubergine herausstr. und in Hin- und Rückr. im Grundmuster arbeiten. Dabei für die abnehmende Weite 5mal in jeder 10. R. beidseitig je 1 M. abketten. In 29 cm Länge für das Bündchen mit hellgrauer Wolle im Rippenmuster weiterstricken. In 35 cm Gesamtlänge die M. abketten; den zweiten Ärmel genauso arbeiten.

Ausarbeitung: Die Ärmel- und Seitennähte schließen. Für die Blende am vord. Halsausschnitt und aus der Seitenkante der Knopflochleiste insgesamt 22 M. in Petrol herausstr., die 14 stillgelegten M. des rückw. Halsausschnittes mit auf die Nadel nehmen und in Hin- und Rückr. 3 cm im Rippenmuster stricken, dabei an der entspr. Stelle noch 1 Knopfloch arbeiten, dann die M. abketten. Die Motive mit rostroter Wolle im Maschenstich nach der Schemazeichnung einsticken, die Knöpfe annähen.

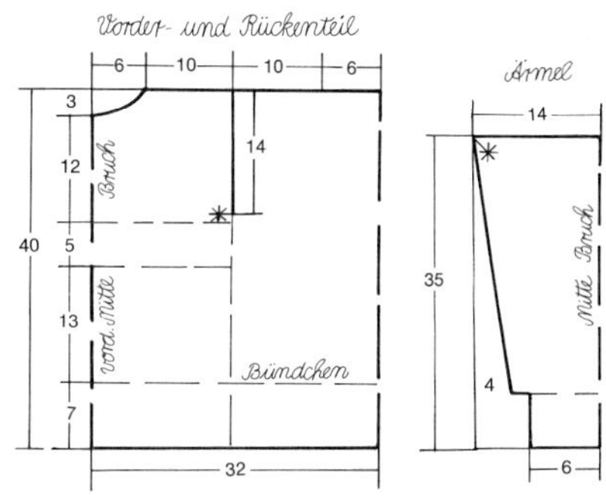

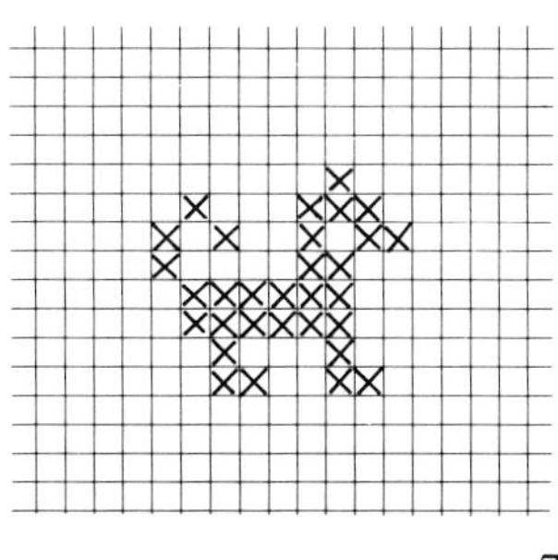

Strickanleitung
Streifenpulli in Größe 116

Material: Insges. 450 g sehr dicke Wolle, d. h. je 100 g in den Farben Dunkelgrau, Beige, Blau und Braun und 50 g in Hellgrau. 1 Rundstricknadel Nr. 7.
Grundmuster: glatt re. (Hinr. re., Rückr. li.; in Runden: re.).
Farbfolge: Rücken- und Vorderteil: je 12 R. Dunkelgrau, Beige, Blau, Braun; Ärmel: je 12 R. Braun, Blau, Beige.
Maschenprobe: 8 M. in der Breite und 13 R. in der Höhe ergeben 10 cm im Quadrat.
Der Pullover wird bis zu den Armausschnitten in einem Stück in Runden gestrickt. 56 M. mit hellgrauer Wolle anschlagen, zur Rd. schließen und für das Bündchen 7 cm im Rippenmuster (2 M. re., 2 M. li. im Wechsel) stricken, dann im Grundmuster in der angegebenen Farbfolge weiterarbeiten. Dabei in der 1. Rd. am Anfang und in der Mitte der Rd. je 1 M. re. verschr. aus dem Querfaden der Vorrd. herausstricken. In 30,5 cm Gesamthöhe die Arbeit für Rücken- und Vorderteil in zwei gleiche Hälften teilen und zunächst den Rücken beenden (die übrigen M. stillegen). Weiter gerade hochstricken, in 43 cm Gesamthöhe für den rückw. Halsausschnitt die mittl. 9 M. abketten und die Schultern mit brauner Wolle getrennt beenden, dabei in der zweitfolg. R. jeweils noch 2 M. abketten. In 45 cm Gesamthöhe die M. stillegen. Nun das Vorderteil weiter gerade hochstricken. In 39 cm Gesamthöhe für den vord. Halsausschnitt die mittl. 7 M. abketten, die Schultern getrennt beenden. Dabei jeweils in jeder 2. R. noch 3mal 1 M. abketten, in 45 cm Gesamthöhe die M. stillegen. Die **Ärmel** werden angestrickt. Zunächst die Schulternähte mit Maschenstichen schließen, dann aus einem Armloch 24 M. mit brauner Wolle herausstricken und den Ärmel in Hin- und Rückr. im Grundmuster in der angegebenen Farbfolge beenden. Dabei für die abnehmende Weite in 14 cm Ärmellänge beidseitig je 1 M. abketten. In 28 cm Länge für das Bündchen mit dunkelgrauer Wolle im Rippenmuster weiterstricken, dabei in der 1. R. jede 2. und 3. M. zusammenstricken. In 35 cm Gesamtlänge die M. abketten. Den zweiten Ärmel genauso arbeiten.
Ausarbeitung: Die Ärmelnähte schließen. Für die Blende am Halsausschnitt 36 M. mit dunkelgrauer Wolle herausstricken und in Runden 4 cm im Rippenmuster arbeiten.

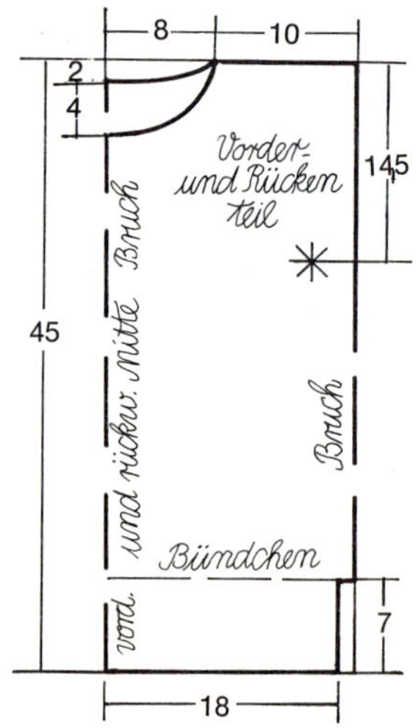

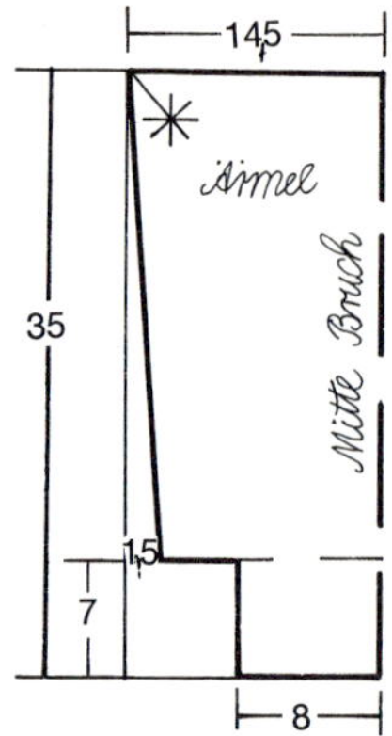

Strickanleitung hellblauer Pullover in Größe 116

Material: 400 g hellblaue mittelstarke Wolle; Stricknadeln Nr. 4 und 5; 3 Knöpfe.
Grundmuster: Perlmuster, 1. Reihe: 1 M. re., 1 M. li. im Wechsel, 2. Reihe: wie 1. Reihe, aber um 1 M. zur Vorr. versetzt, d. h. die re. erscheinenden M. werden li. gestr., die li. ersch. M. re., fortlfd. wiederholen.
Maschenprobe: 15 M. in der Breite und 26 R. in der Höhe ergeben 10 cm im Quadrat.
Rücken: 54 M. mit Nadel Nr. 4 anschlagen und für das Bündchen im Rippenmuster (2 M. re., 2 M. li. im Wechsel) 5 cm stricken, dann mit Nadel Nr. 5 im Grundmuster weiter gerade hocharbeiten. In 30,5 cm Gesamthöhe für die Armausschnitte beidseitig je 3 M. abketten, gerade weiterstricken. In 43 cm Gesamthöhe für den rückw. Halsausschnitt die mittl. 16 M. abketten und die Schultern getrennt beenden. Dabei jeweils in der zweitfolg. R. noch je 2 M. abketten. Ab 44 cm Gesamthöhe mit den übrigen 14 M. der linken Schulter für den Untertritt noch 2 cm im Rippenmuster stricken, dann die M. abketten. Die rechte Schulter bis 45 cm Gesamthöhe im Grundmuster weiterstricken, die M. abketten.
Das Vorderteil bis 39 cm Gesamthöhe genau wie den Rücken arbeiten, dann für den vord. Halsausschnitt die mittl. 12 M. abketten und die Schultern getrennt beenden. Dabei weiter in jeder 2. R. jeweils 1mal 2 M. und 2mal 1 M. abketten, gerade weiterstricken. Ab 44 cm Gesamthöhe mit den verbliebenen 14 M. der linken Schulter für den Übertritt noch 2 cm im Rippenmuster arbeiten, dabei in 45 cm Gesamthöhe an den bezeichneten Stellen 2 Knopflöcher wie folgt einarbeiten: jeweils 2 M. zus.stricken, in der folg. R. 1 M. wieder anschlagen, in 46 cm Gesamthöhe die M. abketten. Die rechte Schulter im Grundmuster beenden, in 45 cm Gesamth. die M. abketten.
Die Ärmel werden angestrickt. Zunächst die rechte Schulternaht schließen, an der linken Schulter Unter- und Übertritt aufeinanderlegen und an der Außenkante zusammennähen. Nun aus einer Ärmelkante mit Nadel Nr. 5 44 M. herausstricken und in Hin- und Rückr. 2 cm im Rippenmuster arbeiten, dann im Grundmuster weiterstricken. Dabei für die abnehmende Weite 2mal nach jeweils 12 cm beidseitig je 1 M. abketten. In 32 cm Ärmellänge für das Bündchen mit Nadel Nr.4 im Rippenmuster weiterarbeiten. Gleichzeitig in der 1. R. jede 3. und 4. M. zusammenstricken. In 37 cm Ärmellänge die M. abketten. Den zweiten Ärmel genauso arbeiten.
Ausarbeitung: Die Ärmel- und Seitennähte schließen. Für die Blende am Halsausschnitt ca. 58 M. mit Nadel Nr. 4 herausstricken und 2,5 cm im Rippenmuster arbeiten, dabei auf der linken Schulter in den Übertritt noch ein Knopfloch wie beschrieben einarbeiten.

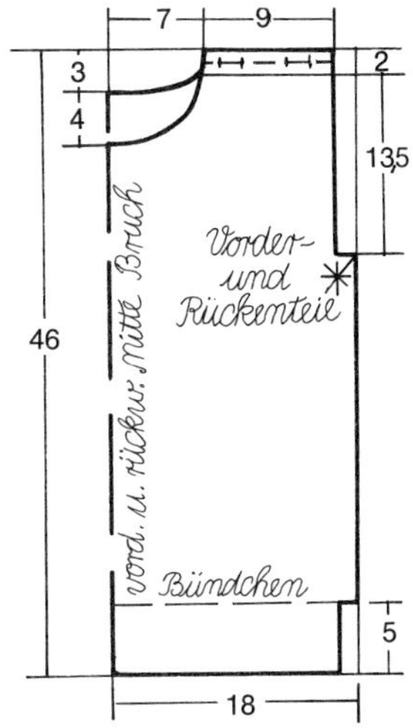

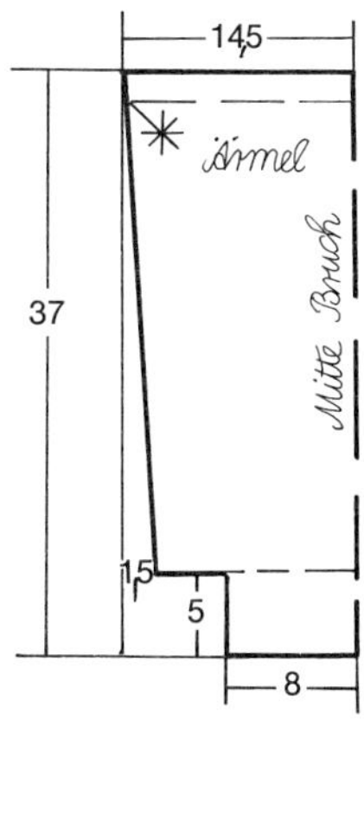

Pullover für Mädchen in Gr. 104 und 128

Lustig und bunt sind diese drei Mädchenpullover. Jeder sieht anders aus und hat etwas Besonderes zu bieten:
Der blaue Trachtenpulli (Größe 128) mit eingestrickten Noppen bekommt Blümchen aufgestickt. Der Mohairpullover in der Mitte (Größe 104) hat farbige, eingestrickte Noppen. Beim Streifenpulli (Größe 104) rechts wird der Rippenkragen vorn mit Pompon-Bändern zusammengehalten. Das Stricken geht bei allen Pullovern mit dicken Nadeln schnell voran. Schnitte und Anleitungen auf den folgenden Seiten.

♥ Die Pullover sind so lang und weit, daß sie lange passen.

Strickanleitung Trachtenpulli Größe 128

Material: 450 g blaue mitteldicke Wolle. Zum Besticken Tauben-Zephir von MEZ, d. h. 4 Docken in Grün und je 1 Docke in Rosa, Pink, Hellviolett, Dunkelviolett, Rostrot, Blau, Gelb und Lachsrot. Kurze Rundstricknadeln Nr. 4,5 und Nr. 5.

Grundmuster: Noppenmuster, Maschenzahl durch 12 teilbar. 1. und 2. Reihe/Runde: Glatt re. (Hinr. re., Rückr. li.; in Runden nur re.). 3. Reihe/Runde: 5 M. re., in die nächste M. eine Noppe wie folgt arbeiten: 5 M. re. in diese M. stricken, dabei abwechselnd 1mal von vorn und einmal von hinten in die M. einstechen, wenden, über diese 5 M. 4 R. glatt re. stricken. Dann mit der linken Nadel nacheinander die ersten M. über die 5 M. ziehen, wobei mit der nächstliegenden M. begonnen wird (also zuerst die 4. M. über die 5. M., dann die dritte M. über die 5. M. usw.), dann 6 M. re. stricken, ab * wiederholen. 4.–10. Reihe/Runde: Glatt re. 11. Reihe/Runde: + 11 M. re., in die 12. M. eine Noppe arbeiten, ab + wiederholen. 12.–18. Reihe/ Runde: Glatt re. Die 3.–18. Reihe fortlfd. wiederholen.

Maschenprobe: 19 M. in der Breite und 28 R. in der Höhe ergeben 10 cm im Quadrat.

Rücken- und Vorderteil werden bis zu den Armausschnitten in einem Stück in Runden gestrickt. Dafür 144 M. mit Nadel 4,5 anschlagen und für das Bündchen 5 cm im Rippenmuster stricken. Dann mit Nadel Nr. 5 weiter gerade hocharbeiten. In 30 cm Gesamth. die Arbeit in Vorder- und Rückenteil teilen, d. h. 72 M. auf einer Hilfsnadel stillegen, mit den übrigen 72 M. in Hin- und Rückreihen zunächst den Rücken weiter gerade hochstricken. In 44 cm Gesamth. für den rückwärtigen Halsausschnitt die mittl. 20 M. abketten und die Schultern getrennt beenden. Dabei jeweils in der folg. 2. R. noch 3 M. abketten. In 46 cm Gesamth. die übrigen 23

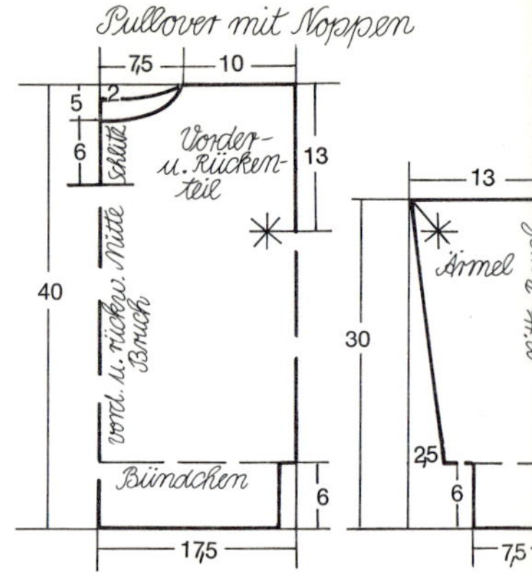

M. je Schulter stillegen. Nun das Vorderteil weiterarbeiten. In 39,5 cm Gesamth. für den vord. Halsausschnitt die mittl. 12 M. abketten und die Schultern getrennt beenden. Dabei jeweils in jeder 2. R. 1mal 3 M., 1mal 2 M. und 2mal 1 M. abketten. In 46 cm Gesamth. die 23 M. für jede Schulter stillegen.

Ärmel: 40 M. mit Nadel Nr. 4,5 anschlagen und für das Bündchen 5 cm im Rippenmuster arbeiten, dann mit Nadel Nr. 5 im Grundmuster weiterstricken. Dabei für die Weite in der 1. R. 7mal nach jeder 5. M. aus dem Querfaden der Vorr. 1 M. re. verschr. herausstricken (47 M.) und weiter 7mal in jeder folg. 12. R. beidseitig je 1 M. zunehmen. In 37 cm Gesamth. die M. abketten. Den zweiten Ärmel genauso stricken.

Ausarbeitung: Die Teile schnittgemäß spannen und leicht dämpfen. Die Schulternähte im Maschenstich schließen. Die Ärmelnähte schließen und die Ärmel einnähen.

Für die Halsblende aus dem Halsausschnitt 78 M. herausstricken und 2 cm im Rippenmuster arbeiten. Die M. abketten. In alle Noppenzwischenräume je 1 Blume in beliebiger Farbfolge nach der Zeichnung sticken.

Unten sehen Sie die Stickblume für den Trachtenpulli in Originalgröße.

Strickanleitung Noppenpulli in Größe 104

Material: 120 g zyklamfarbene Mohairwolle, bunte Mohairreste für die Noppen und 1 kurze Rundstricknadel Nr. 6.

Grundmuster: Noppenmuster, Maschenzahl durch 12 teilbar. **1. und 2. Reihe/Runde:** Glatt re. (Hinr. re., Rückr. li., in Runden nur re.). **3. Reihe/Runde:** ✳ 5 M. re., in die 6. M. eine Noppe wie folgt arbeiten: 5 M. re. in diese M. stricken, dabei abwechselnd 1mal von vorn und 1mal von hinten in die M. einstechen, wenden, über diese 5 M. 4 R. glatt re. stricken. Dann mit der linken Nadel nacheinander die ersten M. über die 5. M. ziehen, wobei mit der nächstliegenden begonnen wird (also zuerst die 4. M. über die 5. M., dann die 3. M. über die 5. M. usw.), dann 6 M. re. stricken, ab ✳ wiederholen. **4.–12. Reihe/Runde:** Glatt re. **13. Reihe/Runde:** ✳ 11 M. re., in die 12. M. eine Noppe arbeiten, ab ✳ wiederholen. **14.–22. Reihe/Runde:** Glatt re. Die 3.–22. Reihe fortlaufend wiederholen.

Maschenprobe: 13,5 M. in der Breite und 17 R. in der Höhe ergeben 10 cm im Quadrat.

Rücken- und Vorderteil werden bis zu den Armausschnitten in einem Stück in Runden gestrickt. Dafür 80 M. anschlagen, zur Rd. schließen, und für das Bündchen 6 cm im Rippenmuster (2 M. re., 2 M. li. im Wechsel) stricken. Dann im Grundmuster weiterarbeiten. Dabei für die Weite in der 1. Rd. etwa nach jeder 5. M. aus dem Querfaden der Vorrd. 1 M. re. verschr. herausstricken. Es sind 96 M. auf der Nadel. Weiter

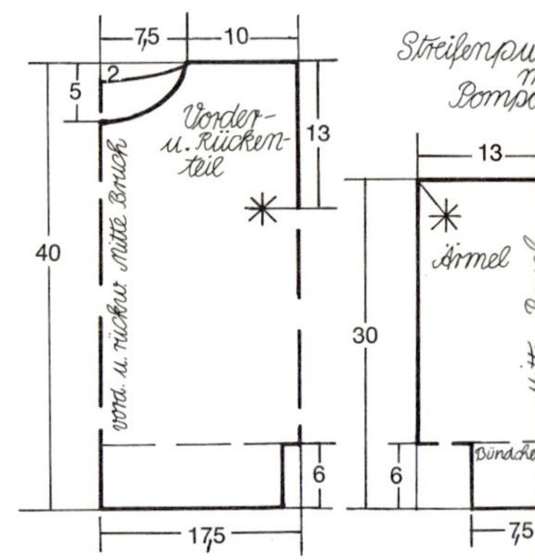

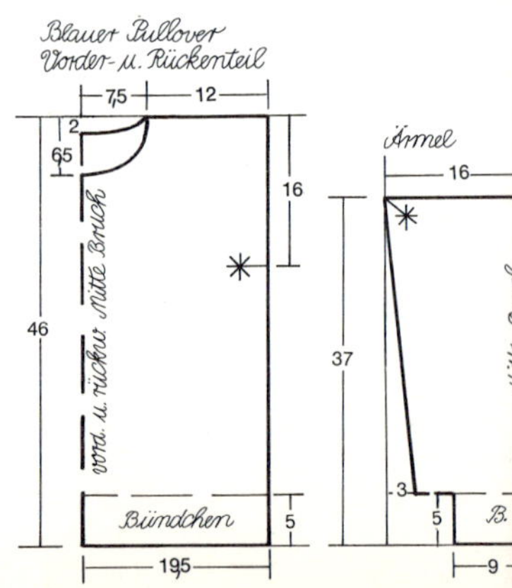

wird jede der Noppen in beliebiger Farbfolge mit einem extra Faden wie beschrieben gearbeitet, also z. B. 5 M. in Blau aus der betr. M. herausstricken, 4 R. glatt re. in Blau darüberarbeiten, und die M. überziehen, dann wie gewohnt in der Grundfarbe weiterstricken. In 27 cm Gesamth. die Arbeit in Rücken- und Vorderteil teilen, d. h. 48 M. auf einer Hilfsnadel stillegen, mit den übrigen 48 M. in Hin- und Rückr. zunächst den Rücken weiter gerade hocharbeiten. In 38 cm Gesamth. für den rückw. Halsausschnitt die mittl. 14 M. abketten und die Schultern getrennt beenden. Dabei jeweils in der folg. 2. R. noch 3 M. abketten. In 40 cm Gesamth. die übrigen 14 M. für jede Schulter stillegen. Nun das Vorderteil weiter gerade hocharbeiten (den Schlitz im Schema bei diesem Modell nicht beachten!). In 35 cm Gesamth. für den vorderen Halsausschnitt die mittl. 8 M. abketten und die Schultern getrennt beenden. Dabei jeweils in jeder 2. R. 1mal 3 M., 1mal 2 M. und 1mal 1. M. abketten. In 40 cm Gesamth. die 14 M. für jede Schulter stillegen.

Die Ärmel werden angestrickt. Zunächst die Schulternähte im Maschenstich schließen. Aus einer Armlochkante 36 M. herausstricken und in Hin- und Rückr. im Grundmuster arbeiten. In 24 cm Ärmellänge für das Bündchen im Rippenmuster weiterstricken. Dabei in der 1. R. immer 2 M. zus.str. In 30 cm Ärmellänge die M. locker abketten. Den zweiten Ärmel genauso arbeiten.

Ausarbeitung: Die Ärmelnähte schließen. Für die Blende aus dem Halsausschnitt 52 M. herausstricken und in Rd. 1,5 cm im Rippenmuster arbeiten, die M. locker abketten. Die Fäden der Noppen gut vernähen.

Strickanleitung Streifenpulli mit Pompons in Größe 104

Material: Dicke Shetland-Wolle, d. h. je 100 g in Aubergine, Rot, Pink und Natur, 1 kurze Rundstricknadel Nr. 6 sowie 1 Häkelnadel Nr. 6.

Grundmuster: Glatt re. (Hinr. re., Rückr. li., in Runden nur re.).

Farbfolge: Je 10 cm (entspr. 17 R.) in Aubergine, Rot, Pink und Natur.

Maschenprobe: 12. M. in der Breite und 17 R. in der Höhe ergeben 10 cm im Quadrat.

Rücken- und Vorderteil werden bis zu den Armansätzen in einem Stück in Runden gestrickt. Dafür 84 M. in Aubergine anschlagen, zur Rd. schließen und für das Bündchen 6 cm im Rippenmuster (2 M. re., 2 M. li. im Wechsel) stricken, dann im Grundmuster in der angegebenen Farbfolge weiterarbeiten. In 27 cm Gesamth. das Strickstück in Rücken- und Vorderteil teilen, d. h. 42 M. auf einer Hilfsnadel stillegen, mit den übrigen 42 M. zunächst in Hin- und Rückr. den Rücken weiter gerade hochstricken. In 38 cm Gesamth. für den rückw. Halsausschnitt die mittl. 14 M. abketten und die Schultern getrennt beenden. Dabei jeweils in der folg. 2. R. je 2 M. abketten. In 40 cm Gesamth. die übrigen 12 M. je Schulter stillegen. Nun das Vorderteil bis 29 cm Gesamth. weiterstricken, dann für den vord. Schlitz die Arbeit in der Mitte teilen und mit 21 M. zunächst eine Schulter beenden (die übrigen 21 M. inzwischen stillegen). In 35 cm Gesamth. für den Halsausschnitt 4 M. und weiter in jeder 2. R. 2mal 2 M. und 1mal 1 M. abketten. In 40 cm Gesamth. die übrigen 12 M. stillegen und die zweite Schulter gegengleich beenden.

Ärmel: 26 M. in Aubergine anschlagen und für das Bündchen 6 cm im Rippenmuster stricken, dann im Grundmuster in der angegebenen Farbfolge weiterarbeiten. Dabei für die Weite 3mal in jeder 12. R. beidseitig je 1 M. zunehmen. In 30 cm Gesamth. endet der Ärmel mit dem pinkfarbenen Streifen. Die M. abketten. Den zweiten Ärmel genauso stricken.

Ausarbeitung: Die Schulternähte im Maschenstich schließen. Die Ärmelnähte schließen und die Ärmel einsetzen. Für den Kragen aus dem Halsausschnitt 40 M. in Natur herausstricken und in Hin- und Rückr. 10 cm im Rippenmuster arbeiten, die M. abketten. Den Schlitz bis zu den Kragenecken mit fe. M. in Natur umhäkeln. Zwei ca. 45 cm lange Kordeln in Natur drehen und vorn am Halsausschnitt annähen. Je einen Pompon in Rot und Aubergine herstellen und diese an den Kordeln befestigen.

Flickenjacke und Bilderbuchjacke

Flickenjacke und Bilderbuchjacke sehen Sie ganz groß in Farbe auf Seite 90/91. Hier finden Sie Schnitt und Anleitung, jeweils in Größe 128.

Der Ärmelschnitt für diese Jacken ist gleich. Die Flickenjacke hat jedoch eine Naht in der Ärmelmitte!

Strickanleitung Flikkenjacke in Größe 128.
Alle Teile werden einzeln gestrickt, umhäkelt und mit roter Wolle zusammengehäkelt.

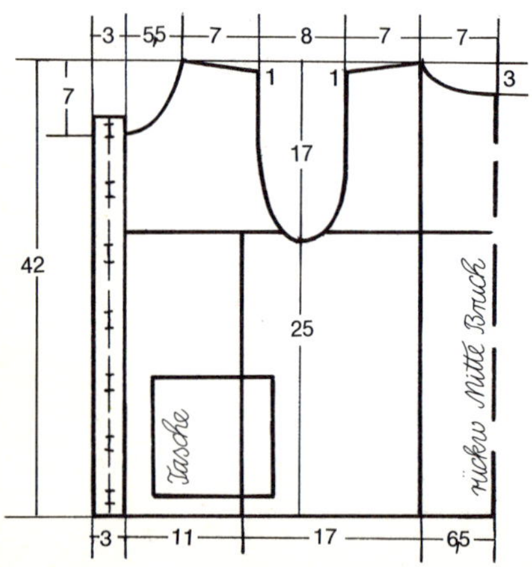

Material: Je 150 g rote und knallblaue und je 100 g dunkelblaue, olivfb., gelbe und naturfb. dicke Wolle, Stricknadeln Nr. 5 und 6 Knöpfe.
Grundmuster: kraus re. (Hinr. re., Rückr. re.).
Maschenprobe: 14 M. in der Breite und 32 R. in der Höhe ergeben 10 cm im Quadrat.
Strickanleitung: Alle farbigen Teile werden einzeln gestrickt, dann umhäkelt und zusammengehäkelt.
Vordere Passe: 19 M. mit naturfb. Wolle anschl. und im Grundmuster stricken, dabei für den Armausschnitt in jeder 2. R. 2mal 1 M. abketten. In 9 cm Höhe für den Halsausschnitt 1mal 4 M. und in jeder 2. R. noch 1mal 2 M. und 2mal 1 M. abketten. In 15 cm Gesamthöhe für die Schulterschrägung 1mal 4 M., in der 2. R. noch 1mal 5 M. abketten. Das 2. Passenteil gegengleich in Knallblau arbeiten.
Unteres Vorderteil: 15 M. in Dunkelblau anschlagen und 26 cm im Grundmuster stricken. Das 2. Teil gegengleich in Oliv arbeiten.
Unteres Seitenteil: 23 M. in Gelb anschlagen und 25 cm im Grundmuster stricken. Dann für den Armausschnitt die 13.–16. M. abketten, beide Teile getrennt beenden. Für das vordere Teil in jeder 2. R. noch 1mal 2 M. und 1mal 2 M. und 1mal 1 M., dann die restl. 4 M. abketten. Für den rückw. Armausschnitt in jeder 2. R. noch 2mal 1 M. abketten. Die restl. 10 M. in 27,5 cm Gesamthöhe auf einmal abketten. Das 2. Seitenteil in Naturfb. gegengleich arbeiten.

Untere Rückenmitte: 18 M. in Knallblau anschl. und 26 cm im Grundmuster gerade hocharbeiten. Rückw. Passe, Mitte: 18 M. in Dunkelblau anschlagen und im Grundmuster stricken. In 13 cm Höhe für den Halsausschnitt die mittleren 8 M. abketten, beide Teile getrennt beenden und beids. in jeder 2. R. noch 1mal 3 M. und 1mal 2 M. abketten. **Rückw. Passe, Seite:** Für das li. Teil 11 M. mit roter Wolle anschlagen, in der 4. R. für den Armausschnitt 1 M. abketten und im Grundmuster weiterarbeiten. In 15 cm Höhe für den Halsausschnitt 1 M. abketten, gleichzeitig für die Schulter 1mal 4 M., in der 2. R. noch einmal 5 M. abketten. Das re. Teil in Gelb gegengleich arbeiten.

Ärmel-Hälfte: 16 M. in Oliv anschlagen und im Grundmuster arbeiten, dabei an einer Seite in jeder 18. R. 5mal 1 M. zunehmen. In 33 cm Gesamthöhe für die Armkugel an der gleichen Seite in jeder 2. R. 3mal 2 M., 2mal 1 M., 1mal keine, 2mal 1 M., 1mal keine, 2mal 1 M., 1mal keine, 2mal 1 M., 2mal 2 M. und 1mal 3 M. abketten. Die 2. Ärmel-Hälfte gegengleich in Rot arbeiten. **Taschen:** je 18 M. in Knallblau anschlagen und 12 cm im Grundmuster arbeiten.

Ausarbeitung: alle Teile an den Nahtkanten von li. mit roter Wolle und fe. M. umhäkeln (Halsausschnitt, vordere Kanten und untere Ärmelkanten nicht). Dann alle Nähte wie im Schnitt eingezeichnet von re. mit fe. M. und roter Wolle zus.häkeln, so auch die Ärmelteile miteinander verbinden und die Ärmel von re. einhäkeln, Taschen aufnähen. Aus der Halsausschnittkante ca. 52 M.

in Rot aufnehmen und 2,5 cm 2 M. re., 2 M. li. im Wechsel stricken. Aus den vorderen Kanten je ca. 54 M. in Rot aufnehmen und eine 3 cm breite Blende wie am Hals anstricken, dabei in der Mitte der re. Blende gleichmäßig verteilt 6 Knopflöcher einarbeiten, dafür je 2 M. abketten und in der nächsten R. neu anschlagen. Aus den unteren Ärmelkanten je 34 M. aufnehmen und 6 cm 2 M. re., 2 M. li. im Wechsel in Rot stricken. Jacke vorsichtig dämpfen.

Strickanleitung Bilderbuchjacke in Größe 128

Material: 500 g naturfb. mittelstarke Wolle und Wollreste in Rot, Dunkelblau, Knallblau, Gelb und Grün zum Besticken, Stricknadel Nr. 5 und 7 Knöpfe.

Grundmuster: glatt re. (Hinr. re., Rückr. li.).

Maschenprobe: 15 M. in der Breite und 22 R. in der Höhe ergeben 10 cm im Quadrat.

Rücken- und Vorderteile werden in einem Stück gestrickt. 118 M. anschlagen und für das Bündchen 4 cm 2 M. re., 2 M. li. im Wechsel stricken, dabei für die vorderen Blenden die ersten und letzten 8 M. bis zum Halsausschnitt 1 M. re., 1 M. li. im Wechsel stricken. In die re. Blende Knopflöcher einarbeiten. Dafür jeweils die 4. und 5. M. abketten und in der nächsten R. wieder anschlagen, das 1. Knopfloch in 2,5 cm Höhe, die folgenden nach je 5,5 cm arbeiten. Nach dem Bündchen im Grundmuster weiterarbeiten, die vorderen Blenden 1 M. re., 1 M. li. im Wechsel. In 25 cm Gesamthöhe das Teil in Rücken (54 M.) und Vorderteile (je 32 M.) teilen. Die Vorderteile stillegen und erst den Rücken beenden. Für die Armausschnitte beidseitig in jeder 2. R. 2mal 2 M. und 2mal 1 M. abnehmen. Ab 37 cm Gesamthöhe die Passe 2 M. re., 2 M. li. im Wechsel weiterarbeiten. In 39 cm Gesamthöhe für den rückw. Halsausschnitt die mittleren 10 M. abketten und beide Schultern getrennt beenden. Für den Halsausschnitt in jeder 2. R. noch 2mal 2 M. und 1mal 1 M. abketten. In 41 cm Gesamthöhe für die Schulterschrägung 1mal 5 M., in der 2. R. noch 1mal 6 M. abketten. Nun

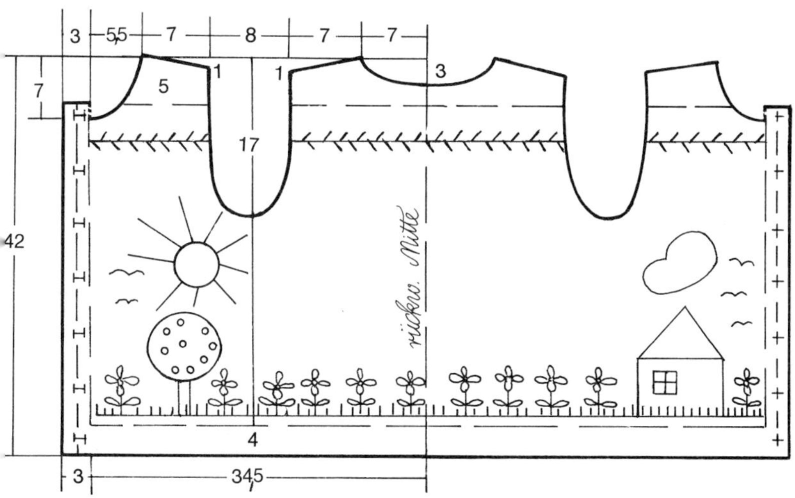

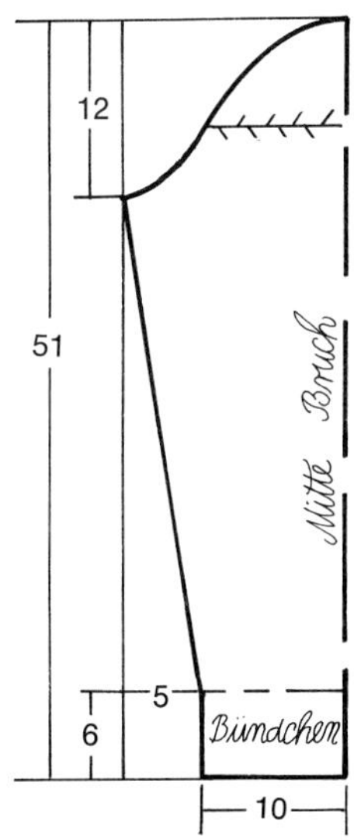

das Vorderteil weiterarbeiten und in jeder 2. R. für den Armausschnitt 1mal 3 M., 1mal 2 M. und 1mal 1 M. abketten. In 35 cm Gesamthöhe für den Halsausschnitt in jeder 2. R. 1mal 10 m., 2mal 2 M. und 1mal 1 M. abketten. Ab 37 cm Gesamthöhe die Passe 2 M. re., 2 M. li. im Wechsel weiterarbeiten. Die Schulter in 41 cm Gesamthöhe wie am Rücken arbeiten. Das 2. Vorderteil gegengleich stricken.

Ärmel: 30 M. anschlagen und 6 cm für das Bündchen 2 M. re., 2 M. li. im Wechsel stricken, dann im Grundmuster weiterarbeiten, dabei beidseitig 8mal in jeder 8. R. 1 M. zunehmen. In 39 cm Gesamthöhe für die Armkugel in jeder 2. R. beidseitig 1mal 3 M., 2mal 2 M., 7mal 1 M., 3mal 2 M., dann die restl. 6 M. abketten. Den 2. Ärmel gegengleich arbeiten.

Ausarbeitung: Die Teile nach dem Schnitt spannen und dämpfen. Den Schnitt in Pergamentpapier abnehmen und die Stickerei im richtigen Größenverhältnis aufzeichnen. Über dem Bündchen 1 Reihe Schlingenstich in Grün als Gras arbeiten. Wer die übrigen Motive nicht freihändig sticken kann, überträgt die Zeichnung auf Organza, legt ihn auf, stickt die Motive wie das Foto zeigt im Kettenstich, Steppstich und Knötchenstich und schneidet den Organza dann weg. Die Passe wird im Fischgrätstich in Rot umrandet. Die Stickerei sehr vorsichtig dämpfen und die Teile zusammennähen. Aus dem Halsausschnitt ca. 62 M. aufnehmen und für die Blende 2,5 cm 2 M. re., 2 M. li. im Wechsel stricken. Das letzte Knopfloch nicht vergessen! Knöpfe annähen.

4 Strickjacken

Strickjacken sind praktisch und schön. Hier vier Modelle, die Sie leicht nachstricken können. Jede Jacke ist einfach zu machen, wirkt aber durch das Muster oder die Art des Zusammennähens ganz anders.

Von links oben nach rechts unten:

Die Flickenjacke (Größe 128) besteht aus lauter kraus rechts gestrickten Vierecken (gut für Anfänger!), die später zusammengehäkelt werden.

Die Bilderbuchjacke (Größe 128) ist glatt rechts gestrickt. Die farbenfrohe Bilderbuchlandschaft wird aufgestickt.

Die Ringeljacke (Größe 104) mit den bunten Zickzackstreifen ist für Jungen und Mädchen schick.

Die Zopfmusterjacke (Größe 104), die auch in anderen Farben gut aussieht, gibt sich ganz klassisch. Schnitte und Anleitungen auf Seite 88/89 und 92/93.

Ringeljacke und Zopfmusterjacke

Sie kennen sie schon von Seite 90/91. Beide Jacken entstehen nach dem gleichen Schnitt in Größe 104.

Strickanleitung Ringeljacke in Größe 104

Material: 150 g dunkelblaue und je 100 g knallblaue, rote, olivfb., gelbe und naturfb. dicke Wolle, Stricknadeln Nr. 5 und 6 Knöpfe.
Grundmuster: 1. Reihe: * 1 M. re., 1 M. mit Umschl. li. abh., ab * wiederholen, **2. Reihe:** die re. erscheinenden M. der Vorr. re., die li. erscheinenden M. mit Umschl. li. abheben. Die 2. R. fortlaufend wiederholen. **Farbfolge:** je 2 R. in Oliv, Gelb, Dunkelblau, Rot, Knallblau und Natur fortlaufend wiederholen.

Maschenprobe: 10,5 M. in der Breite und 32 R. in der Höhe ergeben 10 cm im Quadrat.

Rücken und Vorderteile werden in einem Teil gearbeitet. 63 M. in dunkelblauer Wolle anschlagen und 6 cm im Grundmuster arbeiten, dann in der angegebenen Farbfolge 22 cm gerade hocharbeiten. Dann das Teil in Rücken (33 M.) und Vorderteile (je 15 M.) trennen. Die Vorderteile stilllegen und zuerst den Rücken beenden. Für die Armausschnitte beidseitig in jeder 2. R. 3mal 1 M. abketten. In 30 cm Gesamthöhe die Passe einfb. dunkelblau im Grundmuster beenden. In 34 cm Gesamthöhe für den rückw. Halsausschnitt die mittl. 7 M. abketten, beide Schultern getrennt beenden, dabei für den Halsausschnitt in jeder 2. R. noch je 3mal 1 M. abketten. In 36 cm Gesamthöhe für die Schulterschrägung in jeder 2. R. 1mal 3 M. und 1mal 4 M. abketten. Jetzt das Vorderteil im Grundm. in der angegebenen Farbfolge weiterstricken. Dabei für den Armausschnitt in jeder 2. R. 1mal 2 M. und 1mal 1 M. abketten. In 30 cm Gesamthöhe die Passe einfb. dunkelblau weiterarbeiten, gleichzeitig mit dem vord. Ausschnitt beginnen. Dafür 1mal 3 M. abketten, nach je 2 R. noch 2mal 1 M. abnehmen. In 36 cm Gesamthöhe für die Schulterschrägung in jeder 2. R. 1mal 3 M. und 1mal 4 M. abketten. Das 2. Vorderteil gegengleich arbeiten.

Ärmel: 21 M. in Dunkelblau anschlagen und 6 cm für das Bündchen in Blau im Grundmuster arbeiten. Dann in der angegebenen Farbfolge weiterstricken, dabei beids. in jeder 20. R. 3mal 1 M. zunehmen. In 34 cm Gesamthöhe mit den Abnahmen für die Armkugel beginnen. Dafür in jeder 2. R. beids. 1mal 2 M., 1mal 1 M. abnehmen, dann in jeder 4. R. 7mal 1 M., dann nach je 2 R. beids. 1mal 2 M., dann die restl. 3 M. abketten. Dabei ab 41 cm Gesamthöhe einfb. dunkelblau weiterarbeiten. Den 2. Ärmel genauso arbeiten.

Ausarbeitung: Die Teile nach dem Schnitt spannen und zusammennähen. Aus dem Halsausschnitt 46 M. aufnehmen und eine 2,5 cm breite Blende 2 M. re., 2 M. li. im Wechsel stricken. Aus den vorderen Kanten je ca. 50 M. aufnehmen und 3 cm breite Blenden wie am Hals str. Für Mädchen in die re., für Jungs in die li. Blende Knopflöcher einarbeiten. Dafür in der Hälfte der Blende gleichmäßig verteilt 6mal je 2 M. abketten und in der nächsten R. wieder anschlagen.

Strickanleitung Zopfmusterjacke in Größe 104

Material: 450 g dicke blaue Wolle, Stricknadel Nr. 5 und 6 Knöpfe.
Grundmuster: Hinreihen: ✳ 2 M. li., 1 M. re., 2 M. li., 6 M. re., ab ✳ wiederholen. Das 1. Mal die 6 re. M. in der 3. R. zopfen, dann in jeder 6. R. (die ersten 3 M. auf einer Hilfsnadel vor die Arbeit legen, die nächsten 3 M. re., dann die M. der Hilfsnadel re.). **Rückreihen:** die M. stricken wie sie erscheinen, die re. M. re., die li. M. li.

Maschenprobe: 17 M. in der Breite und 19 R. in der Höhe ergeben 10 cm im Quadrat.
Es wird nach dem Schnitt-Schema der geringelten Jacke in Gr. 104 gearbeitet.

Rücken und Vorderteile werden in einem Teil gearbeitet. 104 M. anschlagen und für das Bündchen 4 cm 1 M. li., 1 M. re verschränkt im Wechsel stricken. Dann im Grundmuster weiterarbeiten. In 22 cm Gesamthöhe das Teil in Vorderteile (je 25 M.) und Rükken (54 M.) trennen. Die Vorderteile stillegen und zuerst den Rükken beenden. Für die Armausschnitte beidseitig in jeder 2. R. 1mal 2 M. und 3mal 1 M. abketten. Bis zu einer Gesamthöhe von 34 cm im Grundmuster weiterarbeiten, dann für den rückw. Ausschnitt die mittleren 10 M. abketten und beide Schultern getrennt beenden. Für den Ausschnitt beids. noch 1mal 4 M., 1mal 2 M. und 1mal 1 M. abketten. Gleichzeitig in 36 cm Gesamthöhe für die Schultern je 2mal 5 M. abketten. Nun das Vorderteil weiterarbeiten. Für den Armausschnitt in jeder 2. R. 2mal 2 M. und 2mal 1 M. abketten. In 30 cm Gesamthöhe für den Halsausschnitt 1mal 4 M. abketten, dann in jeder 2. R. noch 2mal 2 und 1mal 1 M. abnehmen. In 36 cm Gesamthöhe für die Schulter 2mal 5 M. abketten. Das 2. Vorderteil gegengleich arbeiten.
Ärmel: 30 M. anschlagen und 6 cm für das Bündchen 1 M. re. verschränkt, 1 M. li. im Wechsel stricken. Dann im Grundmuster weiterarbeiten, dabei in jeder 6. R. beidseitig 7mal 1 M. zunehmen. In 34 cm Gesamthöhe für die Armkugel beidseitig in jeder 2. R. 3mal 2 M., 4mal 1 M., 3mal 2 M., 1mal 3 M., dann die restl. 6 M. abketten. Den 2. Ärmel genauso arbeiten.
Taschen: je 15 M. anschlagen und 9 cm 1 M. re verschränkt, 1 M. li. im Wechsel stricken.

Ausarbeitung: Die Teile nach dem Schnitt spannen, vorsichtig dämpfen und zus.nähen. Aus dem Halsausschnitt ca. 55 M. aufnehmen und 2,5 cm wie die Bündchen stricken. Dann für die Knopfblende aus der vord. Kante und der Blende ca. 48 M. aufnehmen und 3 cm wie die Halsblende stricken, dabei in der Hälfte der li. Blende für Jungen und die re. Blende für Mädchen gleichmäßig verteilt 6 Knopflöcher einarbeiten (dafür 2 M. abketten und in der nächsten R. wieder anschlagen), Taschen und Knöpfe annähen.

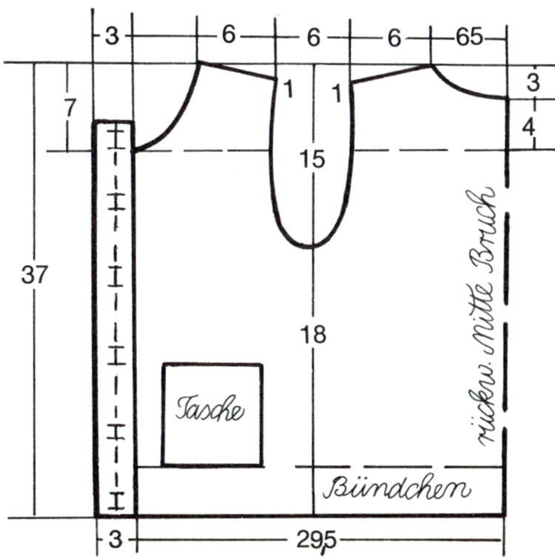

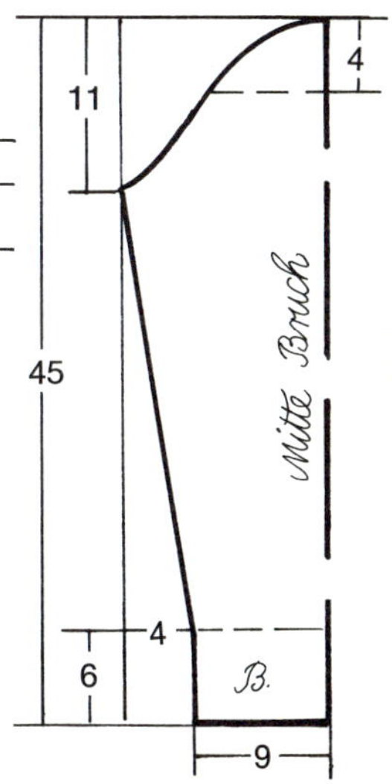

Lustige Ideen zum Stricken

Dazu gehören all die hübschen kleinen Sachen, die schon beim Stricken Spaß machen: witzige Stulpenstrümpfe, bunte Ringelmützen, originelle Haus- und Handschuhe, Kleid und Pullunder mit wunderschönen Norwegermustern.

♥ Viele Sachen können Sie aus Wollresten stricken, so daß sie nicht teuer werden. Fast alle eignen sich als Geschenk!

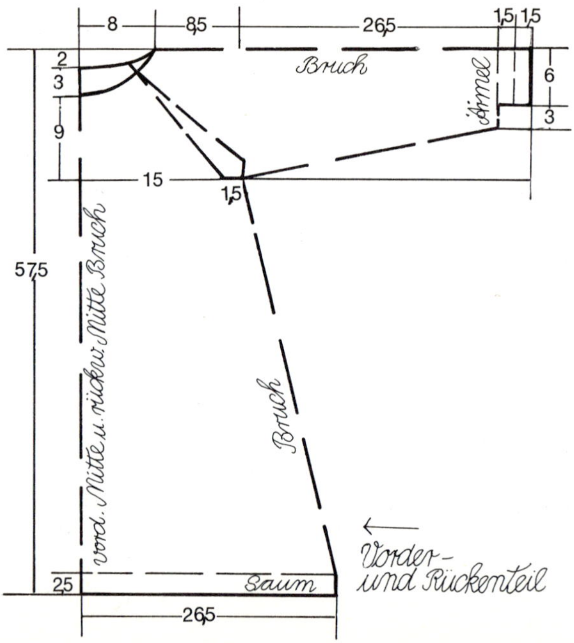

Norwegerkleid

Hier beginnt die Anleitung für ein entzückendes Kinderkleid mit runder Norwegerpasse. Das Farbfoto ist auf Seite 96 zu bewundern!

Strickanleitung für das Norwegerkleid in Größe 92

Material: Dünne Wolle (Lauflänge 210 m/50 g), d. h. 250 g in Lila und je 50 g in Rot, Currygelb, Natur, Pink und Petrol sowie 1 Rundstricknadel Nr. 3.
Grundmuster: Glatt re. (Hinr. re., Rückr. li., in Runden nur re.), Muster für die Passe s. Schemazeichnung rechts.
Maschenprobe: 29 M. in der Breite und 39 R. in der Höhe ergeben 10 cm im Quadrat.
Rücken- und Vorderteil werden bis zu den Armausschnitten in einem Stück in Runden gestrickt. Dafür 300 M. in Lila anschlagen, zur Rd. schließen und für den Saum 2,5 cm stricken. Dann für die Zackenkante eine Lochrd. arbeiten, d. h. abwechselnd 2 M. re. zus.str., 1 Umschl. aufnehmen. Anschließend wie gewohnt weiterstricken. In 5 cm Gesamthöhe mit der Musterkante beginnen und diese nach der Schemazeichnung (1.–5. Rd.) ausführen. Nach Beenden des Musters mit den Abnahmen für die geringere Weite beginnen. Dafür zunächst die seitl. Bruchlinien mit Sicherheitsnadeln markieren (Rücken und Vorderteil je 150 M.) und in der nächsten Rd. an den Seiten M. wie folgt abnehmen: Beim Rücken sowie Vorderteil jeweils die 2. M.

abheben, die nächste M. re. und die abgeh. M. darüberziehen, jeweils die 2.- und 3.-letzte M. re. zus.stricken. Diese Abnahmen noch 26mal in jeder folg. 5. Rd. an den gleichen 4 Stellen auf dieselbe Weise wiederholen (es bleiben 196 M. auf der Nadel). In 43,5 cm Gesamth. für die Armausschnitte beidseitig je 8 M. (also jeweils von Rücken und Vorderteil beidseitig je 4 M.) abketten, dieses Teil stillegen und mit einem **Ärmel** beginnen. Dafür 34 M. in Lila anschlagen und in Hin- und Rückr. im Grundmuster zunächst für den Saum 1,5 cm stricken. In der nächsten Hinr. für die Zackenkante 1 Lochr. wie vordem beschrieben arbeiten, dann wie gewohnt fortfahren. In 3 cm Gesamthöhe für die Weite M. zunehmen, d. h. 16mal nach jeder 2. M. aus dem Querfaden der Vorr. 1 M. verschr. herausstricken (52 M.). In der folg. Hinr. mit der Musterkante (1.–5. Rd.) des Schemas beginnen. Nach Beenden des Musters und weiter noch 15mal in jeder folg. 6. R. beidseitig je 1 M. zunehmen. In 29,5 cm Gesamthöhe beidseitig je 4 M. abketten.

Dieses Teil stillegen und den zweiten Ärmel genauso weit stricken. Nun die Ärmel an den entspr. Stellen in die Arbeit einfügen und alle Teile gemeinsam beenden.

Zunächst für den höheren Rücken mit verkürzten R. wie folgt weiterarbeiten: In der vord. Mitte 20 M. auf einer Hilfsnadel stillegen, mit den übrigen M. insgesamt 12 Hin- und Rückr. stricken. Dabei jede R. jeweils am Ende um 10 M. kürzer arbeiten als vorher, also in der 1. Hinr. am Ende 10 M. liegenlassen, wenden, zurückstricken, 10 M. liegenlassen, wenden, hinstricken, 20 M. liegenlassen, wenden, zurückstricken, 20 M. liegenlassen, wenden, usw. Vor jedem Wenden muß stets 1 Umschlag aufgenommen werden, dieser wird später, wenn wieder über die gesamte Rd. gearbeitet wird, mit der folg. M. zus.gestrickt (damit keine Löcher entstehen). Gleichzeitig während der verkürzten R. entlang der Raglanlinien M. wie folgt abnehmen: In jeder Hinr. jeweils bei allen Teilen, also von Vorderteil (dieses wird hier im Ganzen gesehen), Rücken und den Ärmeln, die 2. M. abheben, die nächste M. re. und die abgeh. M. darüberziehen, die 2.- und 3.-letzte M. re. zus.stricken. Diese Abnahmen werden in der Höhe an den vord. Raglanlinien 3mal, an den rückw. 6mal ausgeführt. Es werden insgesamt 36 M. abgenommen. Nun 1 R. über alle 288 M. stricken, dann weiter in Rd. die Passe nach der Schemazeichnung arbeiten. Dabei werden die 7., 15., 25. und 36. Musterrd. links gestrickt. Außerdem müssen wie folgt M. abgenommen werden: In der 8. Musterrd. jede 5. und 6. M., in der 14. Rd. jede 4. und 5. M., in der 24. Rd. jede 3. und 4. M., in der 35. Rd. jede 2. und 3. M. re. zus.stricken, bleiben 96 M. Nach Beenden des Musters für die Zackenkante 1 Lochrd. arbeiten, für den Saum weitere 1,5 cm stricken, die M. abketten.

Ausarbeitung: Das Kleid von links schnittgemäß spannen und leicht dämpfen. Die Ärmelnähte schließen, alle Säume nach innen biegen und von links festnähen.

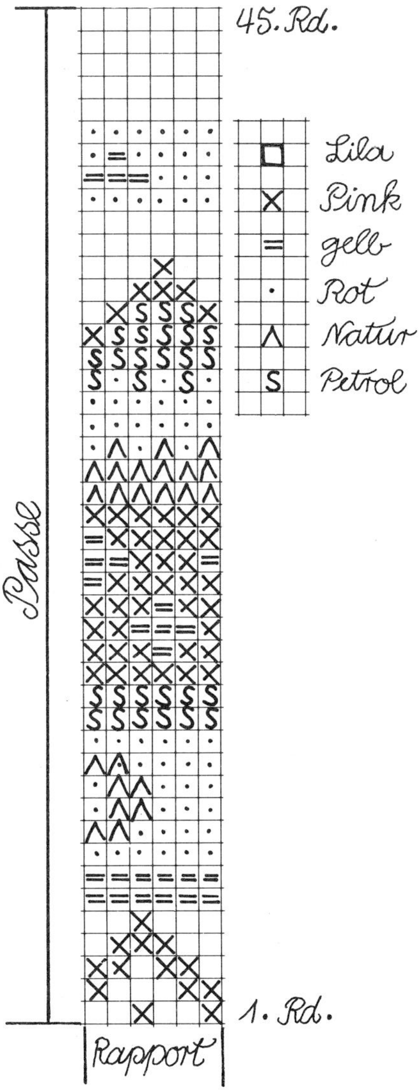

Kleid mit Norwegerpasse in Größe 92

Hübsch anzusehen ist dieses Strickkleid mit der runden Norwegerpasse. Das Muster sieht schwieriger aus als es ist. Der Hängerschnitt paßt lange, und der glatt rechts gestrickte Rock ist schnell fertig, weil mit Rundnadeln gearbeitet wird.
Schnitt und Anleitung stehen auf Seite 94/95.

Lustig bunte Stulpen

Diese Idee ist nicht nur niedlich, sondern auch nützlich: Die Strickstulpen halten warm und wachsen durch den Rippenrand lange mit. Natürlich können Sie auch Fußteile an die Stulpen stricken oder sie bis zum Oberschenkel verlängern (siehe Seite 98).
Norwegerstulpen sehen besonders witzig zu Jeansröcken und einfarbigen Kleidern aus. Die Arbeitsanleitungen finden Sie auf Seite 98/99.

♥ Hier können Sie Wollreste gut verwenden!

Strickanleitung für die rosafarbenen Stulpen

Material: Dünne Wolle (Lauflänge 210 m/50 g), je 50 g in Pink, Lila, Petrol und Rot sowie 1 Nadelspiel Nr. 2,5.
Grundmuster: Glatt re. (hier in Runden nur re.), Muster s. Schemazeichnung, Maschenzahl teilbar durch 7.
Maschenprobe: 28 M. in der Breite und 37 R. in der Höhe ergeben 10 cm im Quadrat.
Anleitung: 40 M., verteilt auf 4 Nadeln, in Pink anschlagen, zur Rd. schließen und für das Bündchen 3,5 cm im Rippenmuster (2 M. re., 2 M. li. im Wechsel) stricken. Dann im Grundmuster das Muster nach der Schemazeichnung arbeiten, und zwar 1mal die 1.–30. Rd., anschl. die 1.–20. Rd. nochmals spiegelbildlich, also in der umgekehrten Reihenfolge. In der Breite wird der Rapport 6mal ausgeführt. Es müssen jedoch in der 1. Grundmusterrd. 2 M. zugenommen werden (am Anfang und in der Mitte der Rd. aus dem Querfaden der Vorrd. je 1 M. re. verschr. herausstricken), damit das Muster aufgeht. Nach Beenden des Musters für das Bündchen weiter in Pink im Rippenmuster arbeiten, dabei in der 1. Runde 2mal 2 M. zus.stricken. In 24 cm Gesamth. die M. abketten. Den zweiten Stulpen genauso arbeiten und beide leicht von links dämpfen.

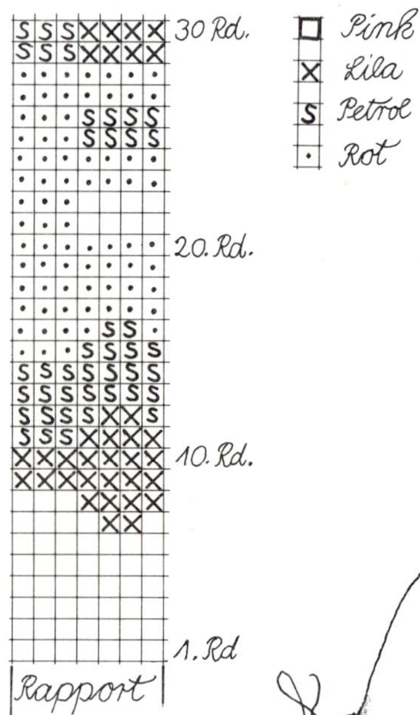

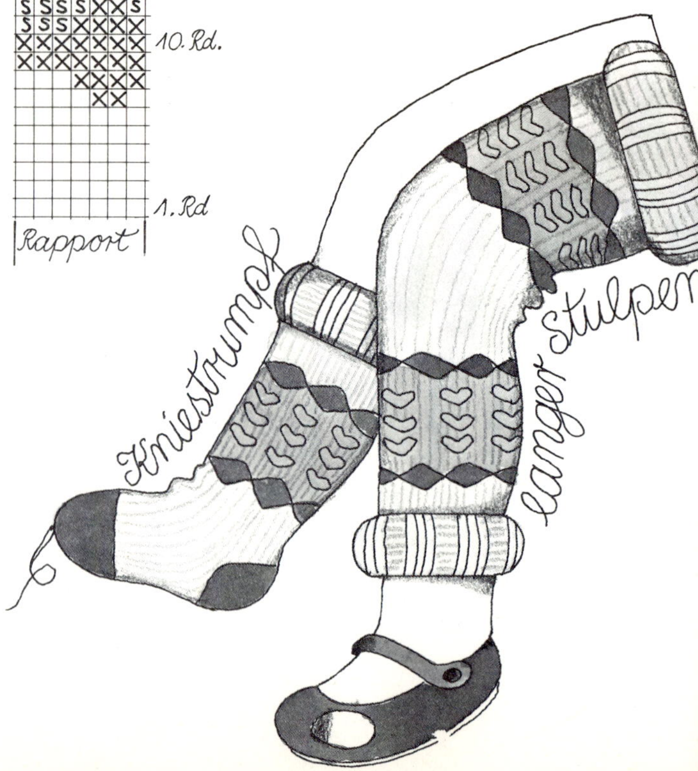

Strickanleitung für die grünen Stulpen

Material: Dünne Wolle (Lauflänge 210 m/50 g), je 50 g in Grün, Rot, Weiß, Lila, Grau und Blau sowie 1 Nadelspiel Nr. 2,5.
Grundmuster: Glatt re. (hier in Runden nur re.), Norwegermuster s. Schemazeichnung, Maschenzahl teilbar durch 8.
Maschenprobe: 30 M. in der Breite und 36 R. in der Höhe ergeben 10 cm im Quadrat.
Anleitung: 56 M., verteilt auf 4 Nadeln, in Grün anschlagen, zur Rd. schließen und zunächst für das untere Bündchen 4,5 cm im Rippenmuster (2 M. re., 2 M. li im Wechsel) stricken. Dann weiter im Grundmuster das Norwegermuster nach der Schemazeichnung arbeiten (den Rapport in der Breite fortlfd. wiederholen, in der Höhe ist der gesamte Rapport angegeben). Dabei für die Weite in der 1. Rd. 8mal, nämlich nach jeder 7. M., aus dem Querfaden der Vorrd. 1 M. re. verschr. herausstricken. Außerdem in der 33. Musterrd. am Anfang und in der Mitte der Rd. je 1 M. zunehmen, damit das weitere Muster aufgeht. Diese beiden M. in der 49. Musterrd. wieder abnehmen. Nach Beenden des Musters für das obere Bündchen in Grün im Rippenmuster weiterarbeiten, dabei in der 1. Rd. jede 7. und 8. M. zus.stricken. In 30 cm Gesamth. die M. abketten. Den zweiten Stulpen genauso arbeiten und beide leicht von links dämpfen.

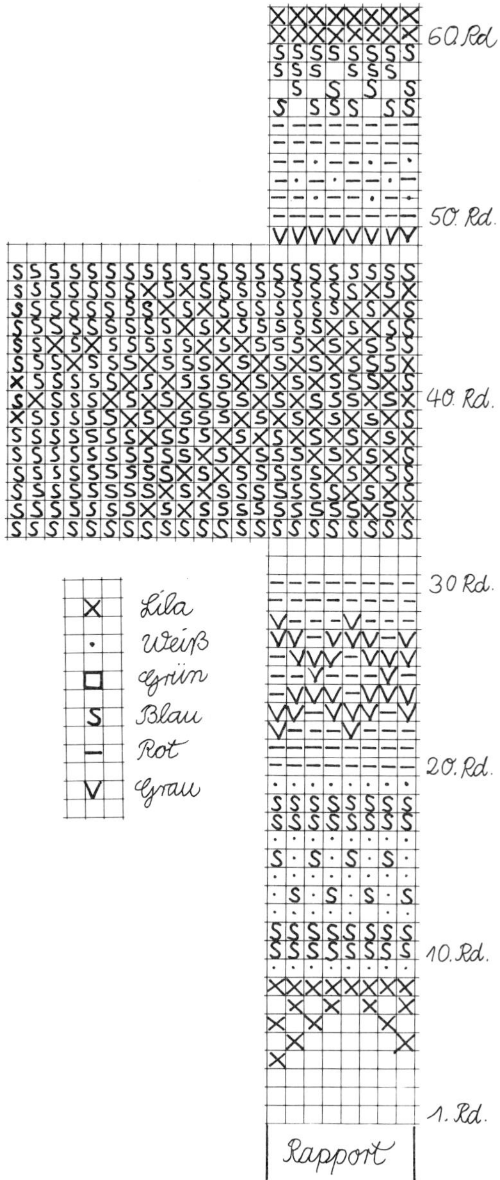

Norweger-pullunder in Größe 128

So ein Pullunder hat viele praktische Vorteile: Er wärmt rundherum und läßt den Armen viel Bewegungsfreiheit. Der klassische Schnitt paßt Jungen und Mädchen und kann mit vielen Hemden und T-Shirts kombiniert werden.

Trotz der bunten Norwegerreihen können Sie dazu auch gestreifte oder kleinkarierte Sachen anziehen. Hauptsache: Die Farben harmonieren! Witzige Details am Rande: Die Bündchen haben verschiedene Farben.

♥ Auch aus Wollresten zu stricken.

Strickanleitung Norwegerpullunder

Material: Dünne Wolle (Lauflänge 210 m/50 g), d. h. je 100 g in Grün und Marineblau, je 50 g in Zyklamrot, Natur und Lila sowie 1 kurze Rundstricknadel Nr. 2,5.

Grundmuster: Glatt re. (Hinr. re., Rückr. li. in Runden nur re.), Norwegermuster s. Schemazeichnung, Maschenzahl teilbar durch 4.

Maschenprobe: 30 M. in der Breite und 36 R. in der Höhe ergeben 10 cm im Quadrat.

Rücken- und Vorderteil werden bis zu den Armausschnitten in einem Stück in Runden gestrickt. Dafür 240 M. in Grün anschlagen, zur Rd. schließen und zunächst für das Bündchen 5 cm im Rippenmuster (2 M. re., 2 M. li. im Wechsel) stricken. Dann weiter im Grundmuster das Norwegermuster nach der Schemazeichnung arbeiten, dabei den Rapport in Breite und Höhe fortlfd. wiederholen. In 30 cm Gesamth. die Arbeit in Rücken- und Vorderteil teilen, d. h. 120 M. für das Vorderteil auf einer Hilfsnadel stillegen, mit den übrigen 120 M. in Hin- und Rückr. zunächst den Rücken beenden. Dabei für die Armausschnitte beidseitig je 3 M. und weiter in jeder 2. R. 2mal 2 M. und 2mal 1 M. abketten, gerade hocharbeiten. In 47 cm Gesamth., das ist nach einer 19. Musterr., die M. stillegen. Nun das Vorderteil bis 33 cm Gesamth. genau wie den Rücken arbeiten, dann für den vord. Halsausschnitt die Arbeit in der Mitte teilen und die Schultern getrennt beenden. Dabei für die Schrägung jeweils 23mal in jeder 2. R. je 1 M. abketten. In 47 cm Gesamth., nach einer 18. Muster., die übrigen 28 M. je Schulter stilllegen.

Ausarbeitung: Das Teil von links schnittgemäß spannen und vorsichtig dämpfen. Die Schulternähte über je 28 M. in Lila im Maschenstich schließen. Für die Armblenden aus den Kanten jeweils 112 M. in Rot herausstricken und in Rd. 2 cm im Rippenmuster arbeiten, die M. abketten. Zu den stillgelegten 46 M. des rückw. Halsausschnittes am vord. Halsausschnitt 97 M. in Blau herausstricken und in Rd. 2 cm im Rippenmuster arbeiten. Dabei die vord. mittl. M. re. stricken und für die Spitze an dieser Stelle in jeder Rd. M. wie folgt abnehmen: Die Mittelm. auf eine Hilfsnadel geben, die M. davor und die folg. M. re. bzw. li. zus.stricken, die Mittelm. darüberziehen.

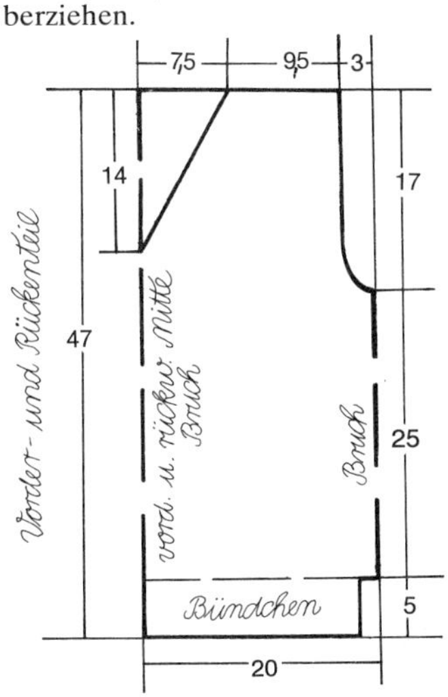

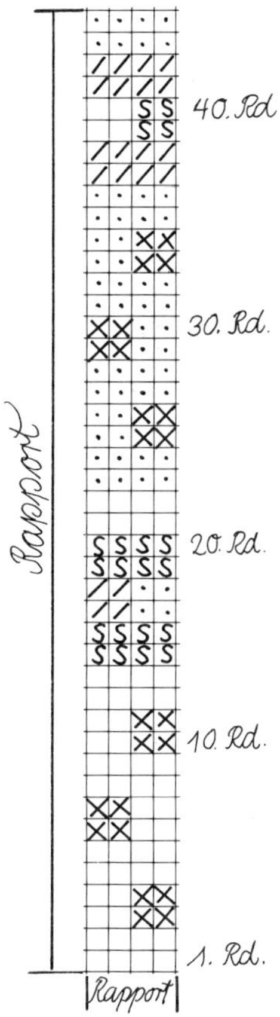

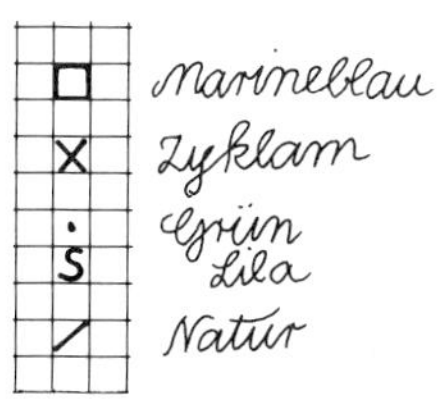

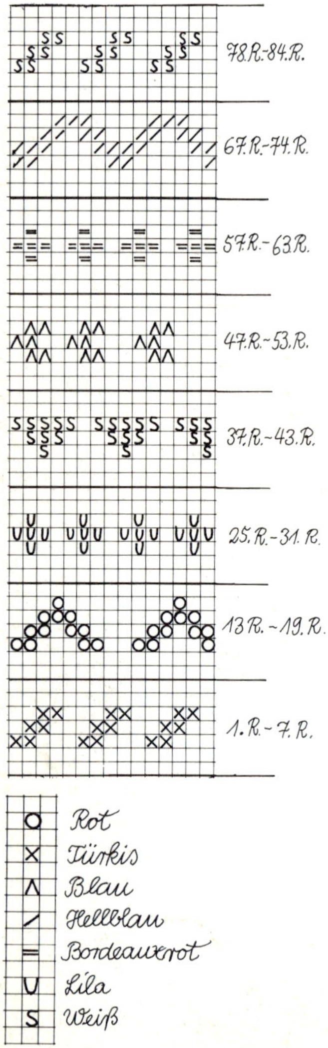

Fransenpullunder in Größe 104

Viele bunte Musterreihen und ein paar lustig wippende Fransen schmücken diesen kleinen Pullunder.
Er hat angeschnittene Ärmel und hält die Schultern schön warm. Der Pullunder ist aus Topflappengarn (Baumwolle) gestrickt, sieht aber auch aus flauschiger Wolle hübsch aus. Den melierten Effekt erreicht man auch, indem man zwei dünne Garne verstrickt.

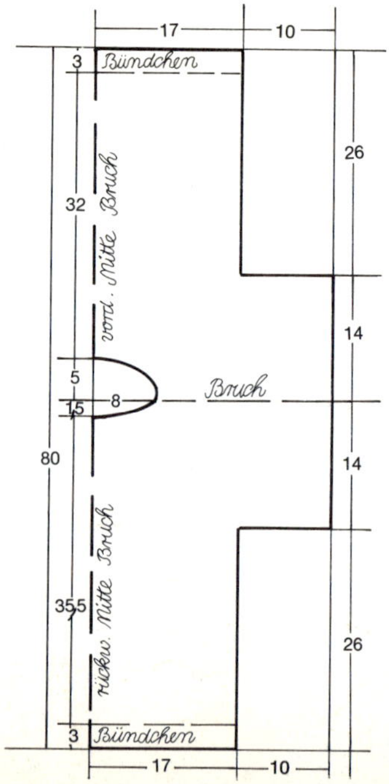

Strickanleitung

Material: Je 50 g Topflappenbaumwolle, Qual. »Braun-Garn 8-fach« in Rot, Türkis, Blau, Hellblau, Bordeauxrot, Dunkelblau, Lila, Weiß, Lilameliert, Rotmeliert, Blau-Weißmeliert, Rot-Blaumeliert und Bordeauxrot-Weißmeliert oder Reste in entsprechenden Farben, 1 Rundstricknadel Nr. 4,5.

Grundmuster und Farbfolge: Das Grundmuster umfaßt die gesamte Höhe von Bündchen bis zur Schulterbruchlinie, das Norwegermuster (s. Schemazeichnung) wird nur ins Vorderteil eingestrickt. **1.–7. Reihe:** glatt re. (Hinr. re., Rückr. li.) in Rot-Blau meliert. **8.–10. Reihe:** kraus re. (Hinr. re., Rückr. re.) in Weiß. **11. Reihe:** re. in Dunkelblau. **12. Reihe:** re. in Weiß. **13.–19. Reihe:** glatt re. in Lilameliert. **20.–24. Reihe:** kraus re. in Bordeauxrot. **25.–31. Reihe:** glatt re. in Blau-Weiß meliert. **32.–36. Reihe:** kraus re. in Türkis. **37.–43. Reihe:** glatt re. in Rot meliert. **44. und 45. Reihe:** li. in Dunkelblau. **46. Reihe:** re. in Dunkelblau. **47.–53. Reihe:** glatt re. in Bordeauxrot-Weiß meliert. **54. und 55. Reihe:** li. in Weiß. **56. Reihe:** re. in Weiß. **57.–63. Reihe:** glatt re. in Lila meliert. **64. und 65. Reihe:** li. in Rot. **66. Reihe:** re. in Rot. **67.–74. Reihe:** glatt re. in Rot-Blau meliert. **75.–77. Reihe:** li. in Türkis. **78.–84. Reihe:** glatt re. in Rot meliert.

Maschenprobe: 15,5 M. in der Breite und 22 R. in der Höhe ergeben 10 cm im Quadrat.

Der Pullunder wird in einem Stück gestrickt und an der rückw. unteren Kante begonnen. 52. M.

in Rot anschlagen und in Hin- u. Rückr. für das Bündchen 3 cm im Rippenmuster (1 M. re., 1 M. li. im Wechsel) stricken. Dann im Grundmuster und der angegebenen Farbfolge weiterarbeiten. In 26 cm Gesamthöhe für die Ärmel beidseitig je 16 M. in der entspr. Farbe dazu anschlagen, gerade weiterstricken. In 38,5 cm Gesamth. für den rückw. Halsausschnitt die mittl. 20 M. abketten und zunächst eine Schulter beenden (die übrigen M. auf einer Hilfsnaden stillegen). Dabei in der zweitfolg. R. nochmals 2 M. abketten. In 40 cm Gesamth. ist die Schulterbruchlinie erreicht. Nun die zweite Schulter gegengleich genauso weit stricken. Dann das Vorderteil anschließen. Dabei das Grundmuster und die Farbfolge in umgekehrter Reihenfolge und das Norwegermuster nach der Schemazeichnung (von oben nach unten) arbeiten. Zunächst mit einer Hälfte weiterstricken und in 42 cm Gesamth. für den Halsausschnitt 1 M. und weiter in jeder 2. R. 2mal 2 M. und 1mal 7 M. dazu anschlagen. Diese M. stillegen und die zweite Hälfte gegengleich genauso weit arbeiten. Dann wieder alle M. auf die Nadel nehmen und in durchgehenden R. weiterstricken. Nun den Pullunder gegengleich zum Rücken beenden, die Zunahmen für die Ärmel werden hier zu Abnahmen.

Ausarbeitung: Die Ärmel- und Seitennähte schließen. Für die Blende am Halsausschnitt 66 M. in Rot herausstricken und in Runden 2 cm im Rippenmuster arbeiten. Im Vorderteil an den Spitzen der weißen Ecken Fransen einknüpfen.

Hüttenschuhe und Fäustlinge

Ganz einfache Fäustlinge und ebenso normale Söckchen sind die Grundlage für diese entzückenden Hand- und Hausschuhe (Zeichnung). Die frechen Gesichter, die krausen oder glatten Haare, die Ohren, die Mützen und die Glöckchen werden erst später angestrickt, aufgestickt oder angenäht. Der Phantasie sind keine Grenzen gesetzt!

♥ Hüttenschuhe und Fäustlinge eignen sich prima als Geschenk. Hervorragend für die Verarbeitung von kleinen Wollresten!

Strickanleitung Hüttenschuhe in Schuhgröße 28

Material: Bunte Reste mittlerer Qualität und Stärke, 1 Nadelspiel Nr. 4; Lederreste oder Ledersohlen.

Anleitung: Zunächst werden 1 Paar ganz normale Söckchen gestrickt. Die Farbzusammenstellung für Streifen, Gesicht, Hut und Haare erfolgt je nach vorhandenem Material und Belieben (s. auch Zeichnung unten). 32 M., je Nadel 8 M., anschlagen und in Rd. 10 cm im Rippenmuster (1 M. re., 1 M. li. im Wechsel) stricken. Dann mit 16 M. die Ferse glatt re. (Hinr. re., Rückr. li.) arbeiten, die übrigen M. inzwischen stillegen. Dafür wird in der hinteren Mitte begonnen, d. h. erst die 1. Nadel stricken, wenden, die 1. und 4. Nadel stricken, wenden, die 16 M. zurückstricken, wenden usw. Noch insgesamt 12 R. wie folgt weiterarbeiten: Die 6. und 11. dieser M. stets mit der nächsten M. zus.stricken, also in einer Hinr. die ersten 10 M. stricken, die 11. und 12. M. re. verdreht zus.stricken, wenden, 5 M. stricken, 2 M. li. zus. stricken, wenden, 5 M. stricken, 2 M. re. verdreht zus.stricken, wenden, usw., bis nur noch die mittl. 6 M. auf der Nadel sind. Nun für die Verbindung von Ferse und Spann die Randm. an beiden Seiten der Ferse auffassen, die M. entspr. verteilen und wieder in Rd. nur re. weiterarbeiten. Dabei in jeder 2. Rd. beidseitig zwischen Ferse und Spann je 1 M. abnehmen (jeweils die äußere M. vom Spann mit 1 Fersenm. re. bzw. re. verdreht zus.stricken), bis wieder insgesamt 32 M. erreicht sind. Noch 3 Rd. re. stricken, dann in

allen weiteren Rd. die M. der Fußsohle weiter re. (damit das Muster nicht drückt), die übrigen M. wie folgt arbeiten: Zunächst 3 Rd. li., dann für das Gesicht 4,5 cm re., weiter für die Mütze ✳ 3 Rd. li., anschl. das Söckchen im Rippenmuster (oder: ab ✳ nur li.) beenden. Dabei in 17 cm Fußlänge bzw. nach Anprobe mit den Abnahmen für die Spitze beginnen. Dafür in jeder Rd. an beiden Seiten des Fußes je 2 M. abnehmen, also stets die beiden letzten M. der 1. und 3. Nadel und die beiden ersten M. der 2. und 4. Nadel je nach Muster li. oder re. zus.stricken. Die letzten 4 M. mit dem Endfaden zusammenziehen, den Faden gut vernähen. Bei li. gestrickter Mütze für den Aufschlag aus der 1. Mützenrd. in derselben Farbe 16 M. herausstricken und 3 cm im Rippenmuster arbeiten, die M. abketten, die schmalen Kanten seitlich festnähen. Für die Haare an den entspr. Stellen kurze Fäden oder mit durchgehendem Faden Schlingen einknüpfen bzw. -häkeln. Für die Ohren kleine Schlingen annähen und diese mit Knopflochstichen umsticken. Das zweite Söckchen genauso stricken. In die fertiggekauften oder aus Lederresten angefertigten Sohlen Löcher am Rand in gleichmäßigen Abständer einstanzen und mit Wolle im Zierstich (2mal in dasselbe Loch einstechen) an den Söckchen festnähen. Nach Belieben Glöckchen annähen.

Strickanleitung Handschuhe für Vier- bis Fünfjährige

Material: Bunte Wollreste mittlerer Qualität und Stärke, 1 Nadelspiel Nr. 4.

Anleitung: Die Farbzusammenstellung erfolgt ganz nach Belieben und vorhandenem Material, wobei 2 Handschuhe eines Paares auch teilweise unterschiedlich gestrickt werden können (z. B. verschiedenfarb. Gesichter oder Haare. 28 M., verteilt auf 4 Nadeln, anschlagen und in Rd. für das Bündchen 5–6 cm im Rippenmuster (1 M. re., 1 M. li. im Wechsel) arbeiten. Dann nur re. weiterstricken. Dabei sofort mit den Zunahmen für den Daumenspickel beginnen, d. h. vor der 1. M. aus dem Querfaden der Vorrd. 1. M. re. verschr. herausstricken. Anschließend noch 5mal in jeder 2. Rd. auf die gleiche Weise je 2 M. zunehmen, und zwar stets vor und nach den zuletzt zugenommenen M. Diese 11 Daumenm. auf einer Sicherheitsnadel stillegen. Mit den übrigen M. wie gewohnt in Rd. weiterarbeiten, und zwar zunächst 1–3 Rd. li., dann für das Gesicht ✳ wieder re. stricken und den Handschuh re. beenden. Dabei in entspr. Höhe (nach Anprobe) mit den Abnahmen wie folgt beginnen: Bei der 1. und 3. Nadel die 1. M. abheben, die folg. M. re. und die abgeh. M. darüberziehen, bei der 2. und 4. Nadel die letzten 2 M. re. zus.stricken. Diese Abnahmen in jeder 2. Rd. wiederholen. Die letzten 4 M. mit dem Endfaden zusammenziehen, den Faden gut vernähen. Oder ab ✳: 3,5 cm re., anschl. für die Mütze 1 Rd. re., 1 oder 2 Rd. li, dann den Handschuh re. beenden. Die Abnahmen wie vordem beschrieben ausführen. Oder ✳: 3,5 cm re., dann für den Hut bis zum Ende kraus re. (1 Rd. re., 1 Rd. li. im Wechsel) arbeiten. Die Abnahmen im Prinzip wie vordem beschrieben ausführen, nur einige Rd. später beginnen, dafür die letzten 8 M. an der Spitze (je 4 und 4) im Maschenstich schließen. Für die Krempe aus der 1. Rd. des Hutes in derselben Farbe nochmals 28 M. herausstricken und in Rd. 2 cm im Rippenmuster arbeiten, die M. abketten. Für den Daumen zu den stillgelegten 11 M. noch 1 M. dazu auffassen (den Querfaden zwischen Handfläche und -rücken verschr. aufnehmen), auf 3 Nadeln verteilen und in Farbe und Muster entspr. der Hand weiterarbeiten, also einige Rd. re. und 1–3 Rd. li. stricken. Anschl. den Daumen re. beenden, dabei in entspr. Höhe bei jeder Nadel die ersten 2 M. re. zus.stricken. Diese Abnahmen in der folg. Rd. genauso wiederholen und die letzten 6 M. mit dem Endfaden zusammenziehen, den Faden vernähen. Den zweiten Handschuh gegengleich arbeiten, d. h. mit den Zunahmen für den Daumen nach der letzten M. beginnen und entspr. fortfahren. Für Haare bzw. Bart sehr dicht Schlingen aufhäkeln oder kurze Fäden einknüpfen. Für den »Daumen« am Daumen 2–3 Luftm. häkeln und annähen. Augen, Nase und Mund aufsticken, evtl. weitere Muster im Maschenstich ausführen.

4 Mützen

Hier beginnt die Arbeitsanleitung für die vier Mützen, die Sie in Farbe auf Seite 108 sehen. Die Fortsetzung dafür ist auf Seite 110.

Strickanleitungen
Mütze mit Häkelschnecken

Material: 100 g dicke marineblaue Shetland-Wolle, Reste derselben Qualität in Grau, Rot, Türkis und Lila, 1 Nadelspiel Nr. 5, Häkelnadel Nr. 4,5.
Grundmuster: Kraus re. (1 Rd. re., 1 Rd. li. im Wechsel).
Maschenprobe: 13 M. in der Breite und 27 R. in der Höhe ergeben 10 cm im Quadrat.
Anleitung: Die Mütze wird in Runden gestrickt und am Rand begonnen. Dafür 60 M., verteilt auf 4 Nadeln, in Dunkelblau anschlagen und im Grundmuster 10 cm hochstricken. Dann mit den Abnahmen für die Kopfform beginnen. Dafür in der folg. re. Rd. jede 9. und 10. M. re. zus.-stricken. Diese Abnahmen an den gleichen 6 Stellen noch 2mal in jeder folg. 4. Rd., dann in jeder folg. 2. Rd. wiederholen, also zunächst jede 8. und 9. M., dann jede 7. und 8. M. usw. re. zus.-stricken. Die letzten 6 M. mit dem Endfaden fest zusammenziehen, den Faden gut vernähen. Die Ohrschnecken werden in Rd. von der Mitte aus in fe. M. gehäkelt, und zwar je 1 Rd. in Grau, Rot, Türkis,, Dunkelblau und Lila, dabei jede Rd. mit 1 Kettm. abschließen. 4 Luftm. in Grau anschlagen, zum Ring schließen, in diesen Ring 8 fe. M. arbeiten, dann in der entspr. Farbfolge weiterarbeiten. Dabei in der 2. Rd. in jede M., in der 3. Rd. in jede 2. M., in der 4. Rd. in jede 3. M. und in der 5. Rd. in jede 4. M. 2mal einstechen und so M. zunehmen. Die Schnecken an den entspr. Stellen aufnähen.

Strickanleitung
Ringelmütze

Material: ca. 100 g bunte Reste, 1 Nadelspiel Nr. 5. (Sollten die Reste unterschiedliche Fadenstärken haben, müssen Sie das ausgleichen: entweder verstrikken Sie zwei Fäden derselben Wolle, oder Sie nehmen einen anderen Faden dazu.)
Grundmuster: Kraus re. (1 Rd. re., 1 Rd. li. im Wechsel).
Maschenprobe: siehe Mütze mit Häkelschnecken.
Anleitung: Die Mütze wird in Runden gestrickt und am Rand begonnen. Dafür 60 M., verteilt auf 4 Nadeln, in Rot anschlagen und 3 cm im Rippenmuster (2 re., 2 li.) hochstricken. Weiter wie bei Mütze mit Häkelschnecken.

Strickanleitung
Mütze mit Noppen

Material: 50 g blaue Mohairwolle (Lauflänge 175 m/50 g), Reste derselben Qualität in Zyklam, Rost, Natur, 1 Nadelspiel Nr. 5.
Grundmuster: Maschenzahl teilbar durch 10. **1.–2. Runde:** re. **3. Runde:** ✳ 9 M. re., in die 10. M. in anderer Farbe eine Noppe wie folgt arbeiten: 5 M. re. in diese M. stricken, dabei abwechslend 1mal von vorn und 1mal von hinten in die M. einstechen, wenden, über diese 5 M. 2. R. glatt re. (Hinr. re., Rückr. li.) stricken. Dann mit der linken Nadel nacheinander die ersten M. über die 5. M. ziehen, wobei mit der nächstliegenden begonnen wird (also zuerst die 4. M. über die 5. M., dann die 3. M. über die 5. M. usw.), ab ✳ wiederholen. **4.–10. Runde:** re. **11. Runde:** ✳ 4 M. re., in die 5. M. eine Noppe, 5 M. re., ab ✳ wiederholen. **12.–18. Runde:** re. **19. Runde:** wie die 3. Runde.
Maschenprobe: 13 M. in der Breite und 19 R. in der Höhe ergeben 10 cm im Quadrat.

Anleitung: Die Mütze wird in Runden gestrickt und am Rand begonnen. Dafür 52 M., verteilt auf 4 Nadeln, in Blau anschlagen und für den Rand 2 cm im Rippenmuster (2 M. re., 2 M. li. im Wechsel) stricken. Dann weiter das Grundmuster wie beschrieben bis zur 19. Rd. ausführen, dabei in der 1. Rd. 2mal 2 M. re. zus.-stricken, damit das Muster aufgeht. Die Noppen werden mit einem extra Faden gearbeitet, und zwar in der 3. Rd. in Zyklam, in der 11. Rd. in Natur, in der 19. Rd. in Rost. In der nächsten Rd. mit den Abnahmen für die Kopfform beginnen. Dafür am Anfang und in der Mitte der Rd. je 2 M. re. zus.stricken. In der folg. Rd. jede 5. und 6. M. re. zus.-stricken und diese Abnahmen in jeder weiteren 2. Rd. an den gleichen 8 Stellen wiederholen, also zunächst jede 4. und 5. M., dann jede 3. und 4. M. usw. re. zus.-stricken. Dabei gleichmäßig verteilt nochmals 5 Noppen in Zyklam arbeiten. Die letzten 8 M. mit dem Endfaden fest zusammenziehen, den Faden gut vernähen.

4 Mützen

Mollig-warme Wintermützen kann man nie genug haben. Hier stellen sich vier verschiedene vor:
Drei sind ganz einfach zu machen und passen Zwei- bis Sechsjährigen, die vierte mit dem Norwegermuster braucht etwas mehr Zeit, sieht dafür aber auch besonders gut aus (für Ein- bis Dreijährige).
Die dunkelblaue Mütze hat bunte, aufgesetzte Häkelschnecken an den Seiten.
Die Ringelmütze wird einfach kraus rechts gestrickt.
Die Noppenmütze ist aus flauschigem Mohairgarn.
Die Norwegermütze mit dem lustigen Nippel auf dem Kopf hat praktische Ohrenklappen mit Bändern.

♥ An diese Mützen können sich auch Anfänger wagen!

Strickanleitung Norwegermütze in Größe 80/98

Material: Bunte Wollreste mittelstarker Wolle (Lauflänge 210 m/50 g) in Zyclam, Petrol, Gelb, Pink, Rot und Lila, 1 Nadelspicl Nr. 3 sowie 1 Häkelnadel Nr. 2,5.
Grundmuster: Glatt re. (in Runden nur re.), Norwegermuster s. Schemazeichnung (Seite 110), Maschenzahl teilbar durch 10.
Maschenprobe: 26 M. in der Breite und 35 R. in der Höhe ergeben 10 cm im Quadrat.
Die Mütze wird in Runden gestrickt und am Rand begonnen (die Ohrenklappen werden zuletzt angestrickt). Dafür 120 M., verteilt auf 4 Nadeln, in Zyclam anschlagen, zur Rd. schließen und 1 Rd. li. arbeiten. Dann im Grundmuster das Norwegermuster nach der Schemazeichnung stricken. Der Rapport wird in der Rd. insgesamt 12mal ausgeführt. Anschl. wie folgt weiterarbeiten: je 4 Rd. in Petrol, Rot und Lila, weiter je 3 Rd. in Gelb, Petrol, Pink, Zyclam, Rot, Lila, Gelb, Petrol und Pink stricken. Dabei in der 3. Rd. mit den Abnahmen für die Kopfform beginnen, d. h. jede 14. und 15. M. re. zus.str. Diese Abnahmen noch 1mal in der folg. 3. Rd., weiter 9mal in jeder 2. Rd., 1mal in der folg. 8. Rd. und noch 2mal in jeder 3. Rd. an den gleichen 8 Stellen wiederholen, also zunächst jede 13. und 14. M., dann jede 12. und 13. M., jede 11. und 12. M. usw. re. zus.str. Mit den letzten 8 M. für den Zipfel noch 12 Rd. in Pink arbeiten, die M. mit dem Endfaden zusammenziehen, den Faden innen gut vernähen. Nun für die Ohrenklappen an den entspr. Stellen jeweils 25 M. in Zyclam aus den Anschlagm. herausstricken und nach der Schemazeichnung weiterarbeiten. Damit sich keine so langen Spannfäden auf der Rückseite bilden, wird zunächst für die roten und lilafarb. M. zu beiden Seiten je 1 extra Faden verwendet, so daß mit 6 Knäulen gleichzeitig gearbeitet wird. Bei den Farbwechseln stets die Fäden auf der Rückseite miteinander verkreuzen! Treffen die roten bzw. lila M. zusammen, wird jeweils nur noch 1 Faden verwendet. Gleichzeitig für die Dreieckform in jeder Hinr. M. wie folgt abnehmen: die 2. M. abheben, 1 M. re. und die abgeh. M. darüberziehen, die 2. und 3. letzte M. re. zus.str. Die letzten 3 M. zusammen abketten. Den Rand und die Ohrenklappen mit 1 Rd. fe. M. in Zyclam umhäkeln, dabei für die Bänder an den Spitzen der Ohrenklappen jeweils eine ca. 25 cm lange Lftm.-Kette anhäkeln, darüber fe. M. arbeiten. Die Mütze vorsichtig von links dämpfen.

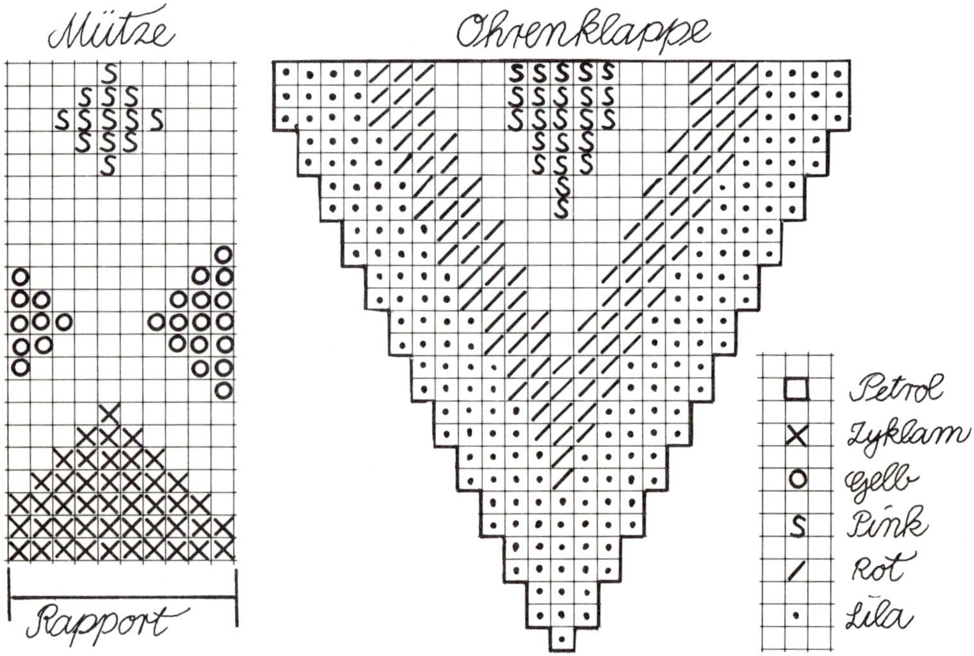

Das sind die Schemazeichnungen für das bunte Muster der Norwegermütze von Seite 108/109.

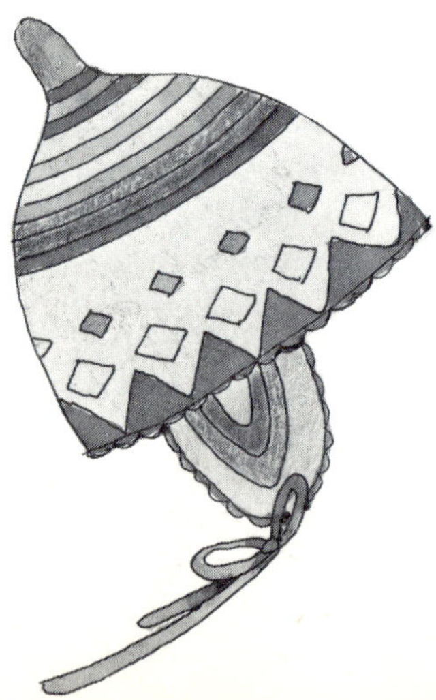

Aus Fell- und Lederresten

Ein kleines, aber wichtiges Thema sind Kindersachen aus Fell und Leder. Diese Materialien sind besonders strapazierfähig, haltbar und warm, kosten aber auch etwas mehr Geld. Erschwinglicher werden Fell und Leder, wenn Sie Reste verwenden. Die gibt es abgepackt im Beutel oder pfundweise in Kaufhäusern, Fachgeschäften oder Bastelläden. Daraus können Sie schicke Westen, Jacken oder Hosen nähen – zwei Westen aus Fell und Leder sehen Sie auf Seite 112. Die Schnitte dafür finden Sie in großer Auswahl in diesem Buch.

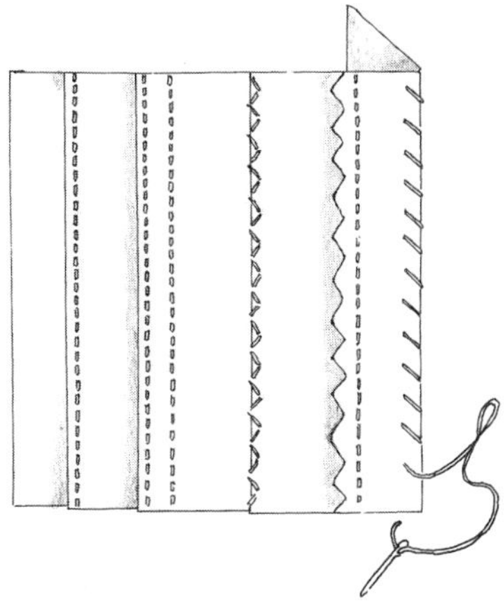

Fünf Beispiele für Ledernähte
Diese Zeichnung zeigt Ihnen, wie man Lederreste schnell und einfach zusammennäht. Die beiden Beispiele links sind mit der Maschine im Geradstich einmal einfach, einmal doppelt aufeinandergesteppt. Dafür legen Sie die Schnittkanten 0,5 bzw. 1 cm breit übereinander und steppen von der rechten Seite. Rechts daneben wurde die obere Lederkante mit Zickzackstichen auf die untere Schicht gesteppt. Die sportliche Wirkung rechts daneben entsteht, wenn man die Lederteile mit einer Zackenschere zuschneidet und dann schmalkantig aufsteppt.
Ganz rechts wurde die Naht mit der Hand im Schlingstich geschlossen.

8 Tips für die Verarbeitung von Fell und Leder

♥ Nehmen Sie zum Leder- oder Fellkauf den Papierschnitt mit, damit Sie ausreichend Material kaufen.

♥ Teilen Sie den Papierschnitt entsprechend der vorhandenen Fell- und Lederstücke auseinander und schneiden Sie die Schnitteile mit Nahtzugaben zu. (Die Nahtzugaben richten sich nach der Art, mit der Sie die Reste zusammennähen wollen. Siehe Zeichnung.)

♥ Schneiden Sie Fell mit einer Rasierklinge zu. Dadurch werden die Härchen nicht so zerstört. Leder können Sie mit einer scharfen Schere zuschneiden.

♥ Stecken Sie den Papierschnitt nicht auf, sonst bekommt das Leder Löcher. Kleben Sie ihn mit Tesafilm fest oder beschweren Sie ihn, damit er nicht verrutscht.

♥ Nähen Sie die Fell- und Lederreste erst einmal zu den gewünschten Schnitteilen (Vorderteil, Hosenbein usw.) zusammen.

♥ Nähen Sie nur mit einer Spezial-Ledernadel, die eine extra scharfe Spitze hat. Gibt es für die Maschine und zum Handnähen!

♥ Legen Sie nach dem Zusammennähen der Teile den Schnitt noch einmal auf.

♥ Wenn Sie sehr weiches Leder haben: Kleben Sie die Nahtkanten vor dem Steppen punktweise aufeinander und lassen Sie den Kleber trocknen.

O
K

Westen aus Fell- und Lederresten

Mollig-warm und praktisch sind Westen aus Fell und Leder.
Am besten eignen sich dafür Reste, weil sie für wenig Geld zu haben sind. Die Lederweste wurde aus vielen verschiedenfarbenen Resten zusammengesetzt. Die Fellweste besteht ebenfalls aus zusammengesetzten kleinen Teilen und kann von beiden Seiten getragen werden. Die Zeichnungen auf dieser Seite zeigen Ihnen, wie man die Fellweste näht. Tips zur Lederweste und zur Verarbeitung von Fell und Leder stehen auf Seite 111. Einen Westenschnitt für die hier abgebildeten Modelle finden Sie auf Seite 42/43.

♥ Fell und Leder brauchen Sie an den Nahtkanten und Ausschnitten nicht zu versäubern. Die Westen bekommen aber mehr Halt, wenn Sie von rechts oder links einen ca. 1 cm breiten Formstreifen auf die Armausschnitte, das Halsloch, die vorderen Kanten und die Säume aufsteppen. Die Bindebänder werden ebenfalls aufgesteppt und zusätzlich mit einem kleinen drübergesteppten Dreieck befestigt.

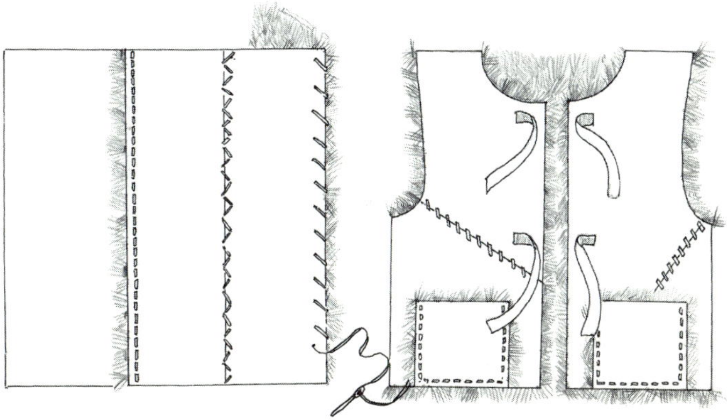

Diese Fellweste wird mit der Hand zusammengenäht

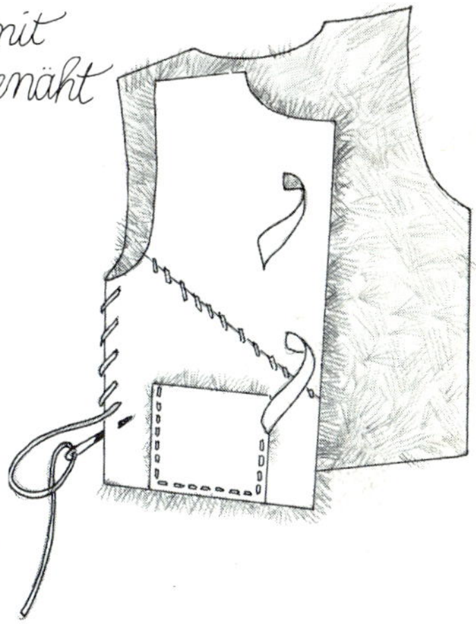

Drei Nahtvorschläge für Fellreste

Links werden die Kanten 1 cm breit übereinander gelegt und von rechts gesteppt. Das Fell hinterher herauszupfen. In der Mitte liegen die Fellkanten knapp übereinander und sind mit Zickzackstichen verbunden. Die Fellhärchen vor dem Steppen nach innen streichen. Rechts wurden die Nahtkanten 1 cm breit übereinandergelegt und mit der Hand im Schlingstich festgenäht.

Overall-Kostüme

Mit Zauberer, Harlekin, Clown und Japanerin beginnt der große Verkleidungsteil in diesem Buch. Was man erst auf den zweiten Blick sieht: Alle vier Kostüme werden nach dem gleichen Schnitt genäht! Es ist ein einfacher Overall mit Raglanärmeln und langem Reißverschluß, der durch die Stoffwahl und das Zubehör jedesmal anders wirkt. Noch mehr Kostüme nach diesem Schnitt finden Sie auf Seite 116/117.

Die witzigen Zutaten für Zauberer, Harlekin und Clown bekommt man in den Faschingsabteilungen. Einen Teil kann man natürlich auch selbermachen, wie z. B. die Halskrause, den Zauberstab und die Fliege. Für die Japanerin brauchen Sie außer der Schärpe noch ein Sofakissen. Schema und Arbeitsanleitung für die Overalls in Größe 104 und 128 sind auf Seite 118.

Verkleiden macht Spaß

Das schönste Spiel für Kinder ist immer noch das Verkleiden – am liebsten das ganze Jahr über! Besonders spannend wird es dann zur Karnevalszeit: So manche Mutter stand schon ratlos vor dem Wunsch ihres Kindes, ausgerechnet (!) als Eisbär, Leopard oder Seiltänzerin auf ein Kinderfest gehen zu wollen.
Sie sehen hier, wie einfach es ist, Faschingskostüme selber zu machen. Wichtig ist nur ein guter Grundschnitt, auf den man aufbauen kann. Mit etwas Phantasie und Geschick wird es Ihnen leicht fallen, noch mehr Ideen daraus zu entwickeln.

Overall-Kostüme in Gr. 104 und 128

Arbeitsanleitung für alle Overalls

Stoffverbrauch und Material: Für *Größe 104:* 1,70 m Stoff, 140 cm breit oder 2,70 m Stoff, 90 cm breit; 1 Reißverschluß, 40 cm lang.
Für *Größe 128:* 2 m Stoff, 140 cm breit oder 3,30 m Stoff, 90 cm breit; 1 Reißverschluß, 45 cm lang.
Für beide Größen: Schmales Gummiband für Hosen- und Ärmelsäume.

Zuschneiden und Nähen: Schneiden Sie Vorderteil-, Rückenteil- und Ärmelhälften je 2mal zu. Für Overalls ohne Kapuze oder Kragen brauchen Sie einen Schräg- oder Formstreifen zum Versäubern des Halsausschnitts. Schließen Sie die inneren Beinnähte, die Seiten- und die Ärmelnähte. Die Schrittnaht nur bis zum Reißverschlußquerzeichen steppen. Ärmel einsetzen und Reißverschluß in die vordere Mitte steppen. Halsausschnitt mit dem Schräg- oder Formstreifen versäubern bzw. Kapuze ansetzen oder Kragen annähen. Ärmel- und Hosenbeinsäume 1 cm breit umsteppen und das Gummiband einziehen. Schnitt Seite 118.

Zu diesem Overallschnitt gehört eine Kapuze, an die Sie Ohren aller Art nähen können. Damit und mit dem richtigen Stoff wird aus dem Overall im Handumdrehen ein drolliger Eisbär oder ein wilder Leopard.

♥ Der Eisbär-Overall wird nach dem Verkleidungsfest zum mollig-warmen Hausanzug.

♥ Wenn Sie den Overall aus einem molligen, aufgerauhten Stoff nähen, wird daraus ein sehr praktischer Hausanzug. Eventuell können Sie auch Fußteile ansetzen und die Sohlen mit Leder unterlegen. Wer will, kann auch einen einteiligen Pyjama nach diesem Schnitt nähen. Am besten dafür ist weicher Baumwolljersey. Für kleine Bauchschläfer setzen Sie den Reißverschluß hinten ein!

♥ Mit den Größen 104 und 128 können Sie Overalls für jede Körpergröße zwischen 3 und 6 Jahren anfertigen: Wie Sie den Schnitt ganz einfach passend machen, steht auf Seite 142/143.

Overall für 6 Kostüme Größe 128 (104 – –)

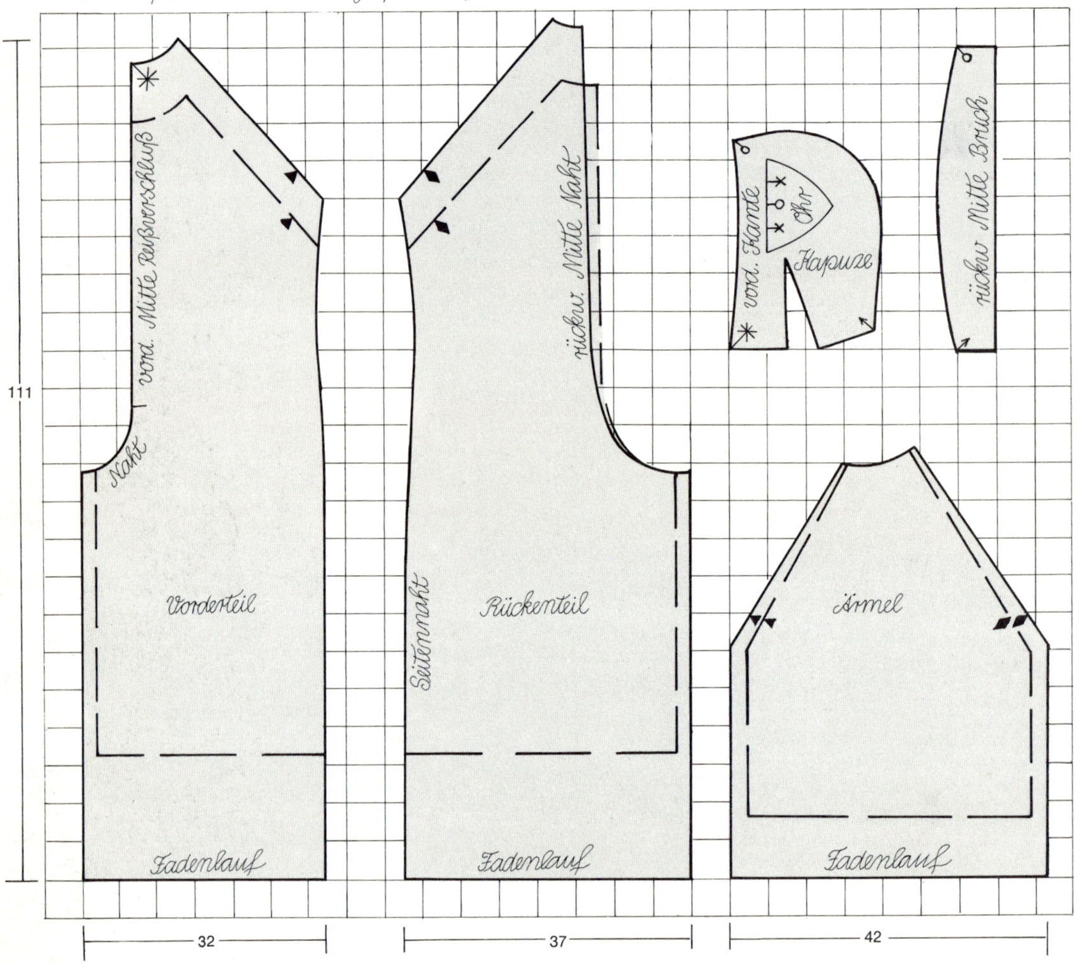

Zauberer

Ein einfaches, langes Hemd mit Trompetenärmeln ist der zweite Grundschnitt für Verkleidungssachen. Hokus, pokus wird daraus ein eindrucksvolles Zauberergewand aus dunkelrotem, blauem oder schwarzem Satin.

Die Sterne sind aufgeklebt, auf dem Kopf sitzt eine Zuckertüte. Näht man das Gewand aus einem anderen Stoff und in einer anderen Farbe, so wird daraus das schönste Kleid für Prinzessin, Indianerin oder Sterntaler (siehe Seite 120).
Sie brauchen dafür gar keinen Extraschnitt anzufertigen, sondern können den Stoff direkt an Ihrem Kind abstecken: Messen Sie die Länge aus, die Ihr Kind braucht und kaufen Sie die doppelte Menge Stoff (plus etwas Zugabe für die Säume). Legen Sie den Stoff quer zur Hälfte in den Bruch und schneiden Sie an der Bruchkante das Halsloch aus. Wenn es glatt anliegen soll, müssen Sie hinten einen Schlitz einarbeiten und das Halsloch mit Schrägstreifen versäubern. Bei kleinen Kindern sieht auch ein angekrauster Ausschnitt nett aus: Machen Sie dann das Halsloch so weit, daß das Kind bequem hindurchschlüpfen kann und ziehen Sie ein Band oder einen Gummi ein. Hängen Sie das offene Gewand Ihrem Kind über und stecken Sie die Ärmelform und die Längen ab. Schneiden Sie die Ärmel- und Seitennähte entsprechend zu und steppen Sie die Nähte von links zusammen.

Zauberer mit Zuckertüte auf dem Kopf

Sterntaler

Zarter, weißer Baumwollstoff und aufgeklebte Sterne: Fertig ist das Sterntalerkostüm nach dem Schnitt auf Seite 119.
Das Nähen geht ganz einfach, weil das Gewand aus einem geraden Stück Stoff besteht.

Seiltänzerin

Für dieses Kostüm aus T-Shirt und Tüll brauchen Sie noch nicht einmal eine Nähmaschine!

Das Oberteil besteht aus zwei T-Shirts, von denen das eine mit einer prächtigen Glitzerblume bemalt wurde. Glitzerfarben gibt es zum Aufbügeln oder aus der Tube. Damit werden die Muster direkt auf den Stoff gedrückt. Dazu ein wippender Tüllrock, den Sie im Handumdrehen nähen können: Messen Sie die Taillenweite Ihres Kindes und kräuseln Sie zweimal die dreifache Weite Tüll ein. Den Tüll befestigen Sie auf einem Band (das man gleich binden kann) oder auf Anorakgummi. Auf dem Tüll zu sehen: Farbtupfen aus der Glitzertube. Dazu: eine weiße Strumpfhose und Gymnastikschuhe.

Gewichtheber

Das einfachste Kostüm ist immer noch ein T-Shirt – wenn Sie es entsprechend verändern oder ausstaffieren. Für den Gewichtheber wurde ein gestreiftes Erwachsenen-T-Shirt wie eine Hose abgenäht. Turnschuhe und ein paar Plastikgewichte dazu – schon ist das Kostüm komplett! Die nötigen Utensilien wie Schnurrbart, Schminke und anderes finden Sie in Kaufhäusern, Bastelläden, Drogerien oder Schreibwarengeschäften.

Zum Spielen und Liebhaben

Das letzte Kapitel in diesem Buch ist all den Tieren und Puppen gewidmet, die Kinder so gern haben. Die hier ausgewählten Spielsachen sind oft schwer fertig zu finden, oder es gibt sie nur für viel Geld zu kaufen. Dabei macht es so viel Spaß, sie selbst zu basteln und mit Kleidern auszustaffieren. Zu den Vorschlägen gehören die kleinen Schmusetiere Hase und Teddy, ein großes Schaukelpferd mit Schaumstoffkern und eine lebensgroße Puppe, an der man das An- und Ausziehen üben kann. Der Mittagsschlaf wird zum Vergnügen in einem Steckkissen, das »Superpuppe Dora« heißt. Und nach Herzenslust toben und spielen kann man mit den drei Trampeltieren »Löwe«, »Schaf« und »Kaninchen«, drei kuschelig-weichen Sitzkissen aus Puschelfell. Dazu kommt noch das schöne Spielhaus, das in jeder Wohnung Platz hat: Man hängt es einfach ans Etagenbett oder über den Tisch! Raffinierte Fenster und Türen machen das Spielen so spannend wie in einem richtigen Haus. Manche Sachen gehen schnell, andere brauchen länger. Alle eignen sich als Geschenk und sind leicht nachzumachen.

Stoffpuppe, so groß wie das Kind

Die Puppe ist ein lustiger, lebensgroßer Spielkamerad für Kinder zwischen drei und sechs Jahren.
Daneben erfüllt sie auch einen pädagogischen Zweck: Die Puppe paßt nämlich in die Sachen des Kindes! Und das ist ein guter Anlaß, mit der Puppenmutter das An- und Ausziehen, Knöpfen, Binden und Reißverschluß-Zumachen an der Puppe zu üben.
Der Puppenkörper ist aus Baumwolljersey und mit Füllmaterial ausgestopft.

♥ Geschenkidee: Ziehen Sie der Puppe die neuen Sachen an, die das Kind bekommen soll!

Arbeitsanleitung für die Stoffpuppe

Stoffverbrauch und Material: 0,90 m hautfarbener Baumwolljersey, 140 cm breit; 750 g Diolenfill; 2 Knöpfe für die Augen; 1 Kugel, 2 cm ∅ für die Nase; ca. 150 g dicke braune Wolle, rotes Stick- und Nähgarn, eventuell 1 Schaumstoffrolle.

Zuschneiden und Nähen: Kopf und Köperteil 2mal, Arm- und Beinteil 4mal mit je 1 cm Nahtzugabe zuschneiden. Alle Teile rechts auf rechts aufeinanderlegen und die Nähte mit dichtem, engem Zickzackstich steppen, damit sie dehnbar wie der Stoff werden. Den Keil zeichengemäß an die beiden Innenkante der Beine nähen. Danach die Beine an den Körper nähen. Der Kopf wird mit der Hand oder mit der Maschine ebenfalls an den Körper genäht. Jetzt erst die Puppe durch die Armlöcher mit Diolenfill ausstopfen. Dabei ist es sehr wichtig, daß das Füllmaterial zuerst in Lagen in den Kopf und in den Körper gezogen wird, um den Hals fest genug zu kriegen. Sollte der Kopf danach noch wackeln, können Sie auch ein Stück Schaumstoff zu einer Rolle zusammenlegen und diese Rolle bis hoch in den Kopf schieben. Danach die Rundungen und die Arme vollstopfen. Die Kugel in Nasenhöhe in den Kopf schieben, eventuell mit Klebstoff festkleben. Die Arme mit der Hand mit kleinen, festen Stichen in die Armlöcher nähen. Die eingezeichneten Linien an den Gelenken mit der Hand sticheln und den Faden dabei fest anziehen. Die Fingerkuppen mit rotem Stickgarn einsticken, ebenfalls den Bauchnabel, die Brustpunkte und den Mund in Rot aussticken. 2 Knöpfe als Augen und die Kugel als Nase abnähen. Für die Haare entsprechend lange Wollfäden schneiden und diese auf den Hinterkopf nähen.

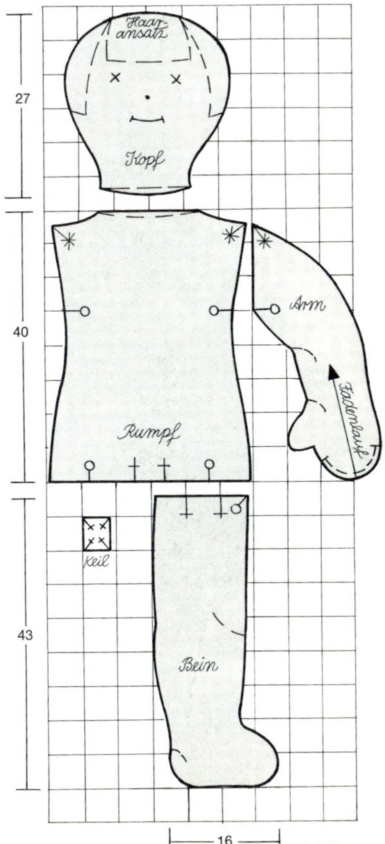

Superpuppe Dora

Superpuppe Dora, ca. 104 cm lang und weich gefüllt, ist mehr als ein Riesenspielzeug: Die Puppe ist wie ein Steckkissen konstruiert und dient darum als weiches Bett zum Mittagsschlaf, als Turnmatte, Sitzkissen oder Knuddeldecke. Die Kleidung und die getupften Haare werden aus Stoffresten aufgesteppt.

Arbeitsanleitung Superpuppe Dora

Stoffverbrauch und Material: 2,30 m gemusterter Baumwollstoff, 90 cm breit; 1 m gepunkteter Stoff, 90 cm breit; karierte, gestreifte, gepunktete, hellgrüne und pinkfarbene Stoffreste; Schaumstoffplatte und -flocken oder Kissen zum Füllen.

Zuschneiden und Nähen: Das Gesicht aus hellgrünem Stoff zuschneiden. Pinkfarbene Bäckchen und dunkle Augen aufnähen. Den Mund aus rotem Garn sticken. Die Bogenkante des Kopfes aus dem gepunkteten Stoff zuschneiden, die Innenkante auf das Gesicht aufsteppen. Danach den Kopf mit dem gepunkteten Stoff doppeln und die Außenkanten verstürzen. Das Rumpfteil 4mal aus dem gemusterten Stoff zuschneiden. Die Ärmel, Hände, Manschetten, Latz, Herzen und Fußschleifen aus den Resten zuschneiden und auf das obere Rumpfteil steppen. Die Finger mit Stepplinien markieren, die Fingernägel mit rosa Garn sticken. Die obere Kante des Rumpfteils verstürzen und die Seiten offenkantig zunähen. Eine Schaumstoffplatte dazwischenschieben und die untere Kante (offenkantig) zunähen. Die Kopfteile rechts auf rechts an die beiden übrigen Rumpfteile steppen. Die Rumpfseiten verstürzen und dabei die Nahtzugaben der Deckplatte mitfassen. Das untere Rumpfteil und den Kopf mit Schaumstoff-Flocken oder Kissen füllen und die untere Öffnung offenkantig zunähen. Dann beide Rumpfteile unten zusammennähen, so daß ein Sack entsteht.

Schaukelpferd

Schaukeln, springen und spielen können Kinder mit diesem Pferd. Innen drin sitzt ein massiver Schaumstoffkern, den Sie sich in Schaumstoffläden oder großen Kaufhäusern zuschneiden lassen können.
Fertigen Sie dafür nach dem Schnittschema (Seite 130) eine Papierschablone an und nehmen Sie sie mit. Der Schaumstoffblock muß 25 cm dick sein. Der Bezug ist auf dem Foto aus rostfarbenem Kord, hübsch ausstaffiert mit langer Wollmähne, Satteldecke und Zaumzeug aus Wolltresse. Die Arbeitsanleitung beginnt bereits hier. Weitere Erklärungen finden Sie beim Schnittschema auf Seite 130.

♥ Sie können für den Bezug auch gut Samt, Velveton und Frottee verwenden oder ihn aus Resten patchworkartig zusammensetzen.

Arbeitsanleitung Schaukelpferd

Stoffverbrauch und Material: 2 m Kord, 90 cm breit; 0,30 m gemusterter Stoff, 90 cm breit; 2 m Wolltresse, 2,5 cm breit; 200 g rote Wolle; rotes Garn.

Zuschneiden und Nähen: Das Seitenteil 2mal aus Kord zuschneiden. Das Mittelteil ist 2,50 m lang und 25 cm breit (ohne Nahtzugaben). Es wird an beliebiger Stelle geschnitten und zusammengesetzt (mehr darüber auf Seite 130). Auf die Seitenstücke und auf das Mittelteil die Satteldecke aus dem gemusterten Stoff offenkantig mit breiten dichten Zickzackstichen aufkanteln. Wolltresse ebenfalls aufzackeln. Nüstern und Augen aus Stoff zuschneiden und aufsteppen. Das Mittelteil zwischen beide Seitenteile von + bis 0 einsetzen, das Rückenstück bleibt offen. Schaumstoffkern in die Hülle stecken und das Mittelstück mit der Hand ansäumen. Quernaht am Kopf mit der Hand nähen. Die Ohren 4mal zuschneiden und verstürzen. Ohren annähen, dabei eine kleine Falte an der Ansatzkante einlegen. Den Schweif aus den Wollfäden zuerst auf ein Stück Stoff nähen und danach erst an das Mittelfeld setzen. Für die Mähne wickeln Sie die Wolle über ein Holzbrettchen und schneiden die Wollfäden auf. Steppen Sie diese in der Mitte auf ein Stück Stoff (ca. 15×30 cm groß). Steppen Sie im ganzen 4 Längsreihen auf den Stoff. Danach das Mähnenstück aufnähen. Die restliche Wolltresse wird für die Zügel verwandt.

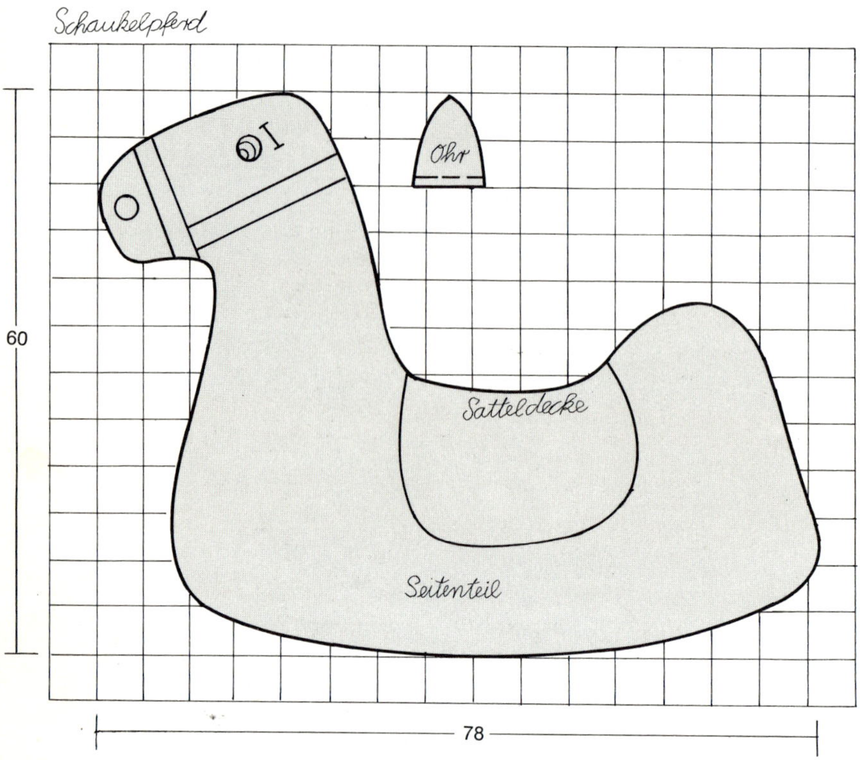

♥ Auf dem oben abgebildeten Schnittschema finden Sie nur das Seitenteil des Schaukelpferdes, das Sie zweimal mit Nahtzugaben zuschneiden müssen. Hinzu kommt noch ein Mittelstreifen für den Bauch und den Rücken des Pferdes. Das Mittelteil besteht aus einem geraden Streifen, der insgesamt 2,50 m lang und 25 cm breit ist (ohne Nahtzugaben). Die Breite richtet sich nach dem Schaumstoffkern: ist er dünner, wird auch das Mittelteil schmaler und umgekehrt. Sie können den Mittelstreifen übrigens beliebig aneinandersetzen, bis Sie die gewünschte Länge erreicht haben.

♥ Achtung: Vergleichen Sie die Höhe des Pferdes mit der Beinlänge Ihres Kindes! Wenn das Pferd zu hoch ist, kann das Kind damit nicht richtig spielen. Notfalls müssen Sie den Schnitt insgesamt verkleinern. Dadurch verändert sich auch die Länge des Mittelteils.

Teddy mit Trägerhose

Hier sind Schnitt und Arbeitsanleitung für einen niedlichen Schmuseteddy mit Trägerhose. Das Foto folgt auf der nächsten Seite.

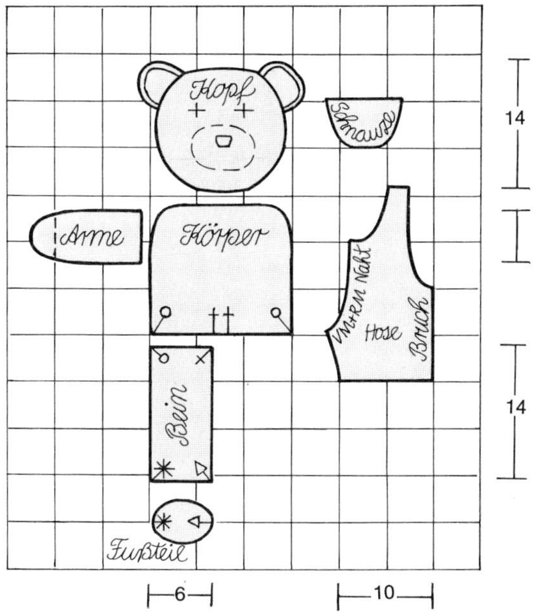

Arbeitsanleitung Teddy

Stoffverbrauch und Material: 0,30 m Teddystoff, 90 cm breit; 1 Rest geblümter Baumwollstoff; Schaumstoff-Flocken oder Zauberwatte; 2 Knöpfe, rotes Stickgarn.

Zuschneiden und Nähen: Aus dem Teddystoff Rumpf, Kopf, Ohren, Schnauze 2mal zuschneiden. Die Beine 2mal im Stoffbruch und die Arme viermal zuschneiden. Aus dem Baumwollstoff: Ohren, Handinnenflächen und Fußsohlen, sowie das Hosenteil 2mal zuschneiden. Die Längsnähte der Beine steppen, die geblühmten Fußsohlen unten einsetzen. Beine ausstopfen. Die roten Handflächen mit der geraden Kante rechts auf rechts auf die Arme steppen und zur Handspitze kippen. Die Arme verstürzen, wenden und füllen. Teddystoffohren mit den Baumwollohren verstürzen, ein wenig ausstopfen und an der Ansatzkante in kleine Fältchen legen. Die Ohren an das Kopfteil stecken, Kopfteile rechts auf rechts zusammensteppen, Halsansatzkante dabei offen lassen. Kopf wenden und ausstopfen. Den Rumpf rechts auf rechts bis auf die Halsansatzkante verstürzen, wenden und ausstopfen. Den Kopf mit kleinen, festen Stichen mit der Hand an den Körper nähen. Arme und Beine (mit den Nähten nach außen) ebenfalls mit der Hand annähen. Die Mittelnaht steppen und die Schnauze wenig füllen. Schnittkanten umkippen und mit der Hand annähen. Nasenspitze mit rotem Garn sticken, Knöpfe als Augen annähen. Hose wie bei den Hasen arbeiten (Seite 134).

♥ Verwenden Sie nur waschbares Material für Stoff und Füllung, damit man den Teddy auch mal waschen kann!

♥ Hase und Teddy sind niedliche und preiswerte Geschenke.

Teddy mit Trägerhose

Zum Liebhaben schön ist der Teddy mit der geblümten Trägerhose. Er ist ca. 36 cm groß, und der Schnitt ist so einfach, daß Sie ihn sogar mit der Hand nähen können.
Das Ergebnis macht Kindern mehr Spaß als jeder gekaufte (teure) Teddy. Schnitt und Arbeitsanleitung stehen auf Seite 131.

Hasen aus Puschelstoff

Diese Hasen sind so kuschelig, weich und lieb, daß Kinder gerne mit ihnen schmusen und spielen.
Besonders putzig sehen die geblühmten Innenseiten der Ohren und Pfoten aus. Aus dem gleichen Stoffrest entstanden sind die lustigen, selbstgenähten Trägerhosen, die mit auf dem Schnitt sind. Die Hasen sind ohne ihre langen Ohren ca. 45 cm groß (Schnitt und Arbeitsanleitung Seite 134).

Arbeitsanleitung Hasen

Stoffverbrauch und Material: 0,30 m Puschelstoff, 90 cm breit; 1 Rest geblümter Baumwollstoff; Schaumstoffflocken oder Zauberwatte; 2 Knöpfe; rotes Stickgarn.

Zuschneiden und Nähen: Rumpf, Kopf und Ohr 2mal aus Puschelstoff zuschneiden, Arme und Beine je 4mal zuschneiden. Das hintere Kopfteil nur 1mal aus Puschelstoff zuschneiden. Die Handinnenflächen und die Ohren 2mal aus Baumwollstoff zuschneiden. Hosenteil ebenfalls 2mal zuschneiden. Zuerst die geblümten Handinnenflächen mit der geraden Kante an die Arme steppen und zur Handspitze kippen. Danach die Armteile rechts auf rechts aufeinandersteppen, dabei die Innenflächen mitfassen. Arme wenden, Beine verstürzen, auch wenden, und alles mit Schaumstoff-Flocken oder Zauberwatte füllen. Den Rumpf rechts auf rechts aufeinanderlegen und die Kanten bis auf die Ansatzlinie für den Kopf steppen. Rumpf wenden und ausstopfen. Arme und Beine mit dichten, festen Stichen mit der Hand an den Rumpf nähen. Die Puschelstoffohren mit dem Baumwollstoff verstürzen und etwas ausstopfen. Die vordere Kopfmittelnaht bis + zusteppen.

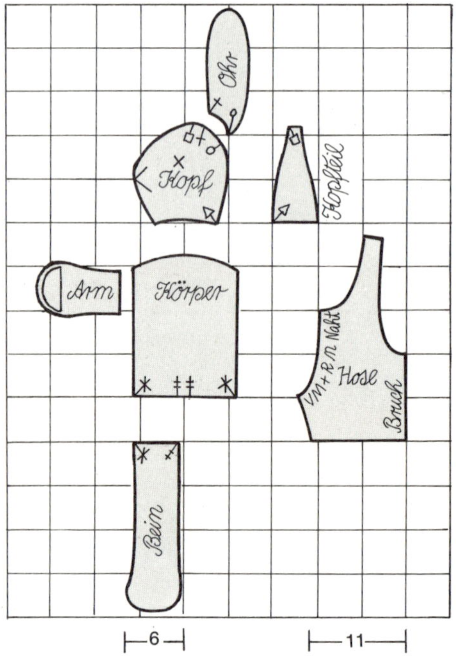

Die Ohren zeichengemäß an die Kopfteile stecken und danach das hintere Kopfteil einsetzen. Kopf füllen und an den Rumpf nähen. Knöpfe als Augen annähen, die Nase mit rotem Stickgarn einsticken. Die innere Beinnähte der Hose steppen, Mittelnaht und Schulternähte schließen. Die Ausschnittkanten rundherum schmal einkippen und von rechts knappkantig absteppen.

Zauberwatte bekommen Sie in Nähfachgeschäften und den Näh- oder Bastelabteilungen der Kaufhäuser. Diese Füllung ist federleicht, klumpt nicht und kann gewaschen werden!

3 schöne Trampeltiere

Zum Toben, Spielen, Sitzen und Liegen: Löwe, Schaf und Kaninchen. Lustige Sitzkissen, mit denen man allerlei anstellen kann! Das Schaf unterscheidet sich von Löwe (Foto Seite 136) und Kaninchen durch die extra dünnen Beine. Je länger die Ohren des Kaninchens sind, um so lustiger sieht es aus.

Die Tiere sind ca. 70×70 cm groß und werden am besten mit Polsterwatte gefüllt, weil die gleichmäßig locker bleibt, schön federt und nicht klumpt (Sie können aber auch Schaumstoff-Flocken oder Zauberwatte zum Füllen nehmen). Oben sind die Tiere aus Puschelstoff, unten aus Filz oder einem anderen festen Stoff. Die Beine und der Kopf werden angenäht. Augenwimpern, Nase und Mund sind aufgestickt (Schnitt und Arbeitsanleitung Seite 137).

3 schöne Trampeltiere

Hier beginnt die Arbeitsanleitung für drei lustige Sitzkissen. Alle Angaben beziehen sich auf den Löwen, können aber auch für Schaf und Kaninchen angewandt werden.

Arbeitsanleitung Trampeltiere

Stoffverbrauch und Material: 0,75 m Fellstoff, 140 cm breit; 0,75 m Filz (oder anderer Stoff), 140 cm breit; 650 g Polsterwatte o. ä.; Perlgarn; Filzrest für die Nase; Wollfäden für die Löwenmähne.

Zuschneiden und Nähen: Aus Fellstoff brauchen Sie: 1 Rumpf; 4 Beine, je 20 cm lang und 25 cm breit; 2 Schwanzteile, je 8 × 8 cm groß; 2 Ohren; 2 Haarteile für den Kopf. Aus Filz: 1 Rumpf, 2 Kopfteile. Aus den Stoffresten: 2 Ohren; 4 Füße (Kreise mit 9 cm ∅). Markieren Sie die Ansatzpunkte der Beine, des Schwanzes und des Kopfes auf dem Filz. Steppen Sie Filz und Fell rechts auf rechts aufeinander, lassen Sie dabei die entsprechenden Öffnungen frei. Wenden Sie den Rumpf nach rechts. Schließen Sie die Beine zu Schläuchen und nähen Sie die Stoffkreise mit der Hand als Fußsohle an. Stopfen Sie die Beine jetzt voll und nähen Sie sie mit festen kleinen Stichen in die entsprechenden Öffnungen des Rumpfes. Verstürzen und wenden Sie den Schwanz, füllen Sie ihn aus und nähen Sie ihn ebenfalls an den Rumpf. Stopfen Sie jetzt den Rumpf aus. Steppen Sie die Kopfnaht, füllen Sie den Kopf und nähen Sie ihn an den Rumpf. Nähen Sie die Ohren leicht gekraust auf den Kopf. Die Nase ist aus Filz, Mund und Augen sind gestickt. Die Augenwimpern bestehen aus 1,5 cm langen Fransen. Stopfen Sie danach den Kopf voll aus und nähen Sie ihn mit der Hand fest an den Rumpf. Die Mähne wird wie beim Pferd (Seite 129) gearbeitet.

♥ Nur für Schaf und Kaninchen gilt die Ansatzlinie im Kopfteil: Hier wird Puschelfell mit der Hand aufgenäht, damit es wie Haare wirkt.

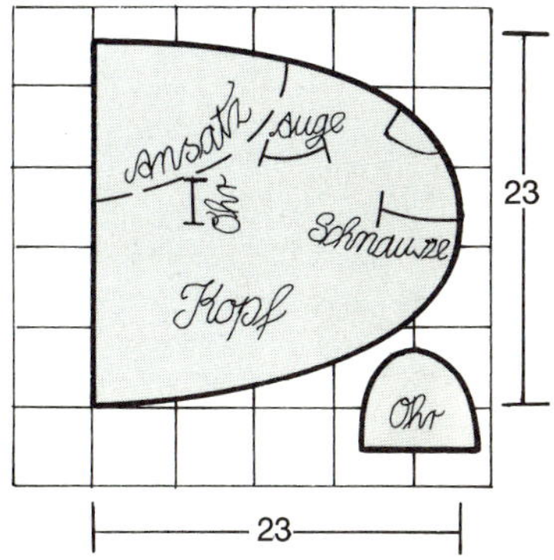

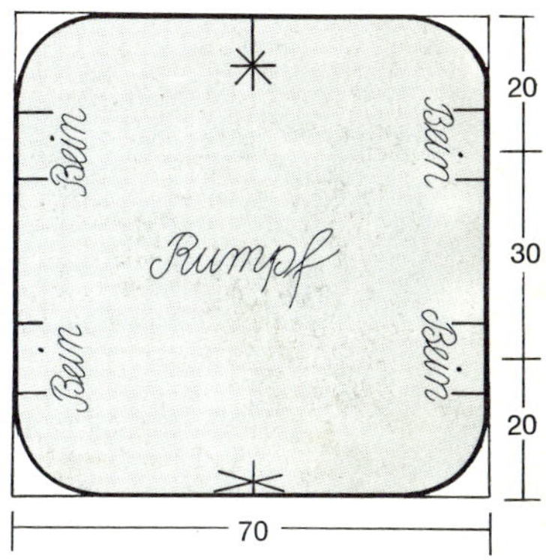

Ein Spielhaus fürs Etagenbett

Von einem Spielhaus mit Türen, Fenstern und gemütlichem Innenraum träumen alle Kinder. Meistens läßt sich dieser Traum nicht so leicht verwirklichen, weil es an Platz oder Geld mangelt.

Sie können jedoch nach diesem Vorschlag ein traumhaft schönes Spielhaus mit allem Drum und Dran selbermachen. Es besteht aus einfachen, geraden Nesselbahnen, die mit Vorhangschienen an einem Etagenbett befestigt werden und hin- und hergeschoben werden können. Wenn Sie kein Etagenbett besitzen, nähen Sie das Spielhaus einfach für einen Tisch! Die Arbeitsanleitung für beide Häuser finden Sie auf Seite 140/141.

T
O

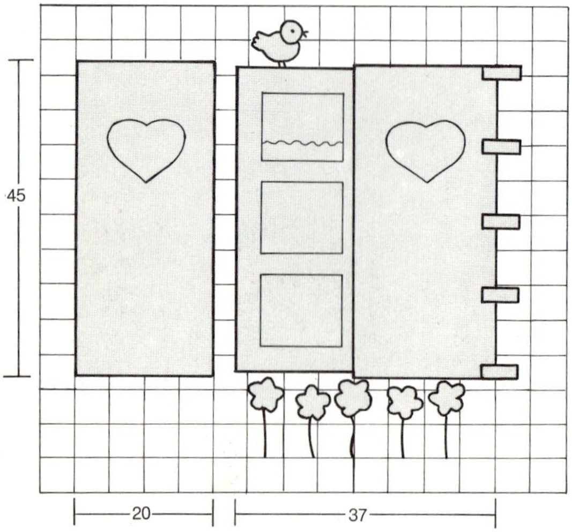

Arbeitsanleitung für das Spielhaus

Stoffverbrauch und Material: Ca. 3 m Nessel (für 1 Längs- und 1 Querseite), 80 cm breit; 2 m geblümter Baumwollstoff, 90 cm breit; 0,40 m Spitzenborte, 8 cm breit; Satinreste; Tüllreste für die Glasscheiben; 1 Messingglöckchen; Plastikdruckknöpfe; T-Schienen mit Klammern.

Zuschneiden und Nähen: Das Etagenbett ausmessen, aus Nessel einen Vorhang für die Längs- und die Querseite arbeiten. Die Motive in Originalgröße auf den Stoff übertragen. Tür und Fenster kommen auf die Längsseite. Wer will, kann eventuell ein Fenster auf der Querseite einarbeiten.

Fenster: Die Fensterläden aus Satin und Blümchenstoff zuschneiden. Die Fensterrahmen, den Vogel, die Fensterriegel sowie die Herzen nur aus dem Blümchenstoff zuschneiden. Für die Glasscheiben ein 35 × 44 cm großes Stück Tüll nehmen. Zuerst den Tüll auf den Nesselvorhang stecken, darüber die Spitzenborte und die Fensterrahmen. Die Teile mit Geradstich an den Kanten aufsteppen, damit sie beim Kanteln nicht verrutschen. Den Nessel hinter den Tüllscheiben wegschneiden. Alle Kanten mit engen, breiten Zickzackstichen überkanteln. Für die Fensterläden die Teile aus Satin und Blümchenstoff links auf links aufeinanderlegen, an den Kanten aufeinandersteppen und mit geraden Stoffstreifen 1 cm breit einfassen. Mit jeweils 5 Riegeln die Fensterläden annähen. Auf beide Seiten Herzen applizieren. Die Plastikdruckknöpfe so annähen, daß die geöffneten oder geschlossenen Fensterläden an den oberen Ecken angedruckt werden können. Den Vogel und die Blumen applizieren.

Eingang: Tür-, Fensterrahmen und Türschild aus Blümchenstoff und Satin zuschneiden. Den Blümchenstoff für die Tür mit Satin doppeln und die Kanten 3 cm breit einfassen. Für die Glasscheibe Tüll auf die Türmitte legen, feststeppen und den Stoff wegschneiden. Die Tüllscheibe mit 3 cm breiten Streifen umranden. Den Türrahmen (der sich unter der Tür versteckt) 3 cm breit einfassen, vorher den Nessel wegschneiden. Oberhalb der Tür die runde Scheibe einarbeiten. Zuerst den Tüll auf den Nessel steppen und den Nessel wegschneiden. Dann den Fensterrahmen aufkanteln. Die Tür an der rechten Seite aufsteppen und mit schmalen Bindebändern bei X schließen. Das Türschild aufkanteln und den Namen aufsticken. Ein 1 cm breites Bindeband arbeiten, die Glocke mit einer Schleife festbinden und bei X annähen.

Vorhang befestigen: An das Etagenbett T-Schienen anbringen. Den Vorhang mit T-Schienenklammern anknipsen. An die Vorhangseiten Bindebänder annähen.

♥ Messen Sie vorher genau nach, ob ihr Etagenbett mit den angegebenen Maßen auch wirklich verdeckt wird.

♥ Wenn Sie das Spielhaus waschen wollen, sollten Sie von vornherein nur waschfeste Stoffe verarbeiten und den Nessel vorher einmal durchkochen (Nessel läuft mindestens 10 % in der Länge ein).

♥ Beim Spielhaus können Sie gut Reste verwenden. Statt Tüll eignen sich auch Gardinenreste, und statt des Nessels können Sie einfachen Karostoff verwenden.

So wird ein Tisch zum Spielhaus

Für den Tisch eine rundum bodenlange Tischdecke nähen, die überstehenden Stoffecken an den Tischbeinen wegschneiden und die Schlitzkanten mit Schrägstreifen (Meterware) einfassen, an die Seiten Bindebänder annähen. Die Motive wie beim Etagenbett beschrieben in die Tischdeckenseiten einarbeiten.

Technische Hinweise und Tips

	Größe	80	86	92	98	104	110	116	122	128
Körpermaße in cm	Brustumfang	52	54	56	57	58	59	60	62	64
	Hüftumfang	54	56	57	59	60	62	63	66	69
	Taillenumfang	50	51	52	53	53	54	54	56	57
	vord. Länge (Schulter bis Taille)	22	23	24	25	26	27	28	29	31
	rückw. Länge (Halswirbel b. Taille)	20,5	21,5	22	23	24	25	26	27	29
	vord. Armlänge	21	23	24	26	28	29	30	32	34
	seitl. Hosenlänge	46	50	53	58	62	66	71	76	80

Die richtige Kleidergröße für Ihr Kind

Die angegebenen Schnittgrößen (Maße siehe Tabelle) beziehen sich immer auf die gesamte Körperlänge des Kindes, gemessen vom Scheitel bis zur Sohle!
Zwischen den Größen liegen Sprünge von 6 bzw. 12 cm (Körpergröße), so daß Sie sich die am nächsten liegende Größe aussuchen können.
Beispiel: Ihr Kind ist 109 cm groß. Dann paßt es genau in Größe 110. Wollen Sie jedoch auf Zuwachs nähen oder stricken, sollten Sie die Größe 116 wählen.

Stoffverbrauch umrechnen:

Wenn Sie den Stoff nicht in der angegebenen Breite bekommen, müssen Sie den Materialverbrauch umrechnen. Das geht ganz einfach: Errechnen Sie zuerst die Quadratmeterzahl des angegebenen Stoffes und teilen Sie das Ergebnis durch die neue Stoffbreite. (Beispiel: Gebraucht werden 2 m, 90 cm breit – vor Ihnen liegt ein Stoff mit 140 cm Breite. Sie rechnen: 2 m × 90 cm = 1,80 m^2, teilen diese Summe durch 140 cm und erhalten einen Stoffverbrauch von 1,30 m, 140 cm breit.)
Beim Umrechnen von 90 cm Breite auf 140 cm verkürzt sich die Stofflänge. Für manche Schnitteile (Hosen und Mäntel zum Beispiel) brauchen Sie aber eine bestimmte Länge – die Sie dann natürlich auch kaufen müssen!

Einkräuseln mit elastischem Nähfaden

Elastischer Nähfaden sieht ähnlich aus wie Hutgummi und ist in den Kurzwarenabteilungen der Kaufhäuser oder in Fachgeschäften auf Rollen zu haben. Die Rollen gibt es in mehreren Farben. Wickeln Sie den elastischen Nähfaden mit der Hand auf die Spule und lockern Sie die Schraube des Spulengehäuses soweit, daß der Gummifaden sich gut durchziehen läßt. Der Oberfaden besteht aus normalem Nähgarn und behält die normale Spannung. Stellen Sie die größte Stichlänge ein und steppen Sie erst einmal ein paar Reihen zur Probe. Messen Sie aus, um wieviel der Stoff sich einkräuselt. Wird er zu stark gerafft, müssen Sie die Spulenschraube noch ein wenig lockern. Wird er zu schwach gekraust, ziehen Sie die Spulenschraube etwas an. Die endgültige Kräuselweite können Sie auch später noch regulieren, indem Sie den elastischen Nähfaden an den Seiten etwas strammer ziehen.

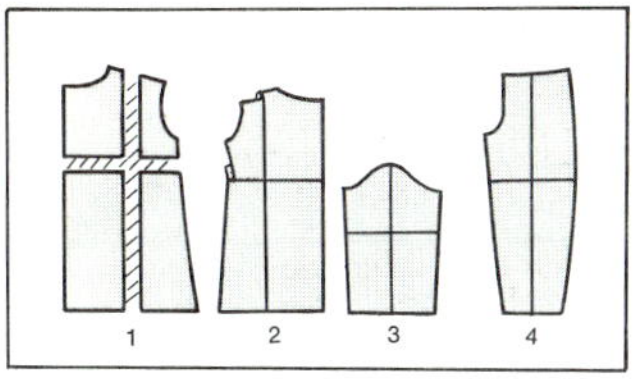

Schnitte vergrößern oder verkleinern

Sollte der Schnitt nicht die gewünschte Größe haben, so können Sie ihn leicht vergrößern oder verkleinern.

♥ Zum Vergrößern durchschneiden Sie die Schnitteile, wie es Zeichnung 1 zeigt, und rücken sie um einen halben Zentimeter (maximal um 1 cm) auseinander.

♥ Zum Verkleinern wird die überschüssige Weite an den gleichen Stellen längs und quer weggefaltet (Zeichnung 2).

♥ Manchmal kommen Sie mit einer Korrektur an der Seitennaht aus. Die Differenz sollte hierbei jedoch nicht mehr als insgesamt 2 cm betragen.

♥ Am einfachsten ist die Veränderung bei Schnitten, die in zwei Größen angeboten sind, und die gewünschte Größe genau dazwischen liegt (zum Beispiel: Es gibt Größe 104 und Größe 128, gebraucht wird Größe 116). In diesem Fall legen Sie die beiden vorhandenen Schnitte aufeinander und zeichnen in der Mitte zwischen den beiden Schnittkanten den neuen Schnitt ein.

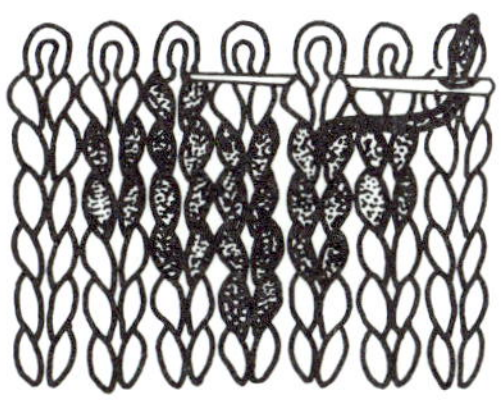

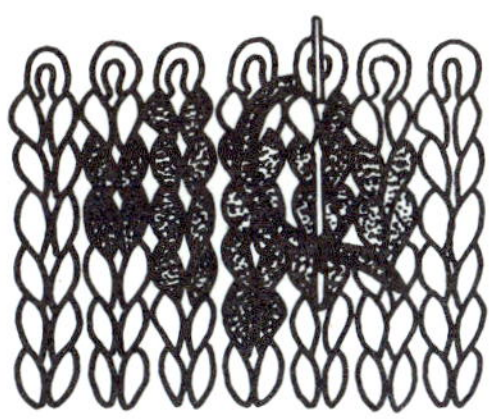

Im Maschenstich aufsticken

Einzelne Motive oder Muster lassen sich gut im Maschenstich auf glatt rechts gestrickte Flächen sticken. Der Stickfaden sollte nicht dünner als das verstrickte Garn sein, damit die gestrickte Masche verdeckt wird. Mit dem Stickfaden in der Mitte der Masche von unten herausstechen, die Nadel unter der darüberliegenden Masche von rechts nach links durchführen und in die Ausstichstelle zurückstechen.

Abkürzungen

Anschlagm.	=	Anschlagmasche
M.	=	Masche
fe. M.	=	feste Masche
re. str.	=	rechts stricken
li. str.	=	links stricken
zus. str.	=	zusammenstricken
R.	=	Reihe
Rd.	=	Runde
Hinr.	=	Hinreihe
Rückr.	=	Rückreihe
Eckm.	=	Eckmasche
Randm.	=	Randmasche
Lftm.	=	Luftmasche
Wendelftm.	=	Wendeluftmasche
hlb. Stb.	=	halbes Stäbchen
Stb.	=	Stäbchen
Doppelstb.	=	Doppelstäbchen
3fach Stb.	=	Dreifachstäbchen
Kettm.	=	Kettmasche
rückw. Mitte	=	rückwärtige Mitte
vord. Mitte	=	vordere Mitte
Vorr.	=	Vorreihe
Vorrd.	=	Vorrunde
*	=	Wiederholungszeichen im Rapport

Register

Nähen

Vom einfachen Gerad- und Zickzack-Modell bis zur electronischen Nähmaschine

Bügeln

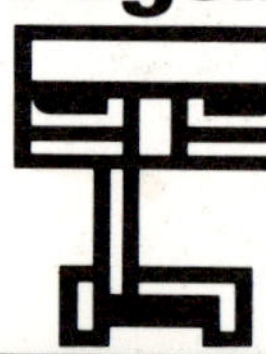

Walzenbreiten: 65 cm und 85 cm Electronic-Modelle zusammenklappbar

Stricken

Vom Tischmodell bis zum ausbaufähigen Doppelbett-Stricker. Pfaff-Stricker stricken ohne Gewichte.

. . . mit PFAFF®

Verlangen Sie unseren Gratis-Katalog

PFAFF®

Gritznerstraße 11
7500 Karlsruhe 41

Absender nicht vergessen